Esmitt Ramírez

Algoritmos y estructuras de datos: una visión didáctica

Esmitt Ramírez

Algoritmos y estructuras de datos: una visión didáctica

Una introducción a la construcción de algoritmos y estructuras de datos

Editorial Académica Española

Imprint
Any brand names and product names mentioned in this book are subject to trademark, brand or patent protection and are trademarks or registered trademarks of their respective holders. The use of brand names, product names, common names, trade names, product descriptions etc. even without a particular marking in this work is in no way to be construed to mean that such names may be regarded as unrestricted in respect of trademark and brand protection legislation and could thus be used by anyone.

Cover image: www.ingimage.com

Publisher:
Editorial Académica Española
is a trademark of
International Book Market Service Ltd., member of OmniScriptum Publishing Group
17 Meldrum Street, Beau Bassin 71504, Mauritius

ISBN: 978-3-659-08636-6

Introducción

Este trabajo pretende servir como una guía para el estudio de algoritmos y estructuras de datos básicas para la composición de soluciones computacionales basadas en algoritmos sobre lenguajes imperativos. La estructura del documento corresponde en gran parte con el programa de estudios que ofrece la Licenciatura en Computación de la Universidad Central de Venezuela (Caracas, Venezuela) en su Plan de Estudio 2004, específicamente a la asignatura Algoritmos y Estructuras de Datos correspondiente al 2do período semestral de una carrera de 10 períodos. Así, se busca introducir al estudiante en las destrezas en el área de la algorítmica y la programación para la construcción de programas de manera sistemática y haciendo un uso eficiente de los recursos computacionales. Entonces se busca explicar conceptos teóricos involucrando a su vez el desarrollo de ejercicios prácticos.

El documento se divide en seis grandes partes: Tipos de Datos, Recursión, Backtracking, Complejidad, Estructuras Dinámicas, y Árboles. Para cada parte se trata de mostrar las siguientes secciones:

- Definiciones: Se muestran conceptos básicos dentro de un marco teórico asociado al tema a estudiar.

- Clasificaciones/Implementaciones: Por cada sección se clasifica el tópico de estudio y/o se muestran las diversas implementaciones algorítmicas de las estructuras de datos o técnicas.

- Ejercicios: Ciertos algoritmos/ejemplos se muestran para ser explicados en detalle.

- Algoritmos: Un conjunto de algoritmos/ejemplos clásicos son mostrados explicando en qué consiste el problema.

- Ideas Finales: Un conjunto de ideas principales para el cierre de cada sección.

- Problemas: Se listan ejercicios simples para ser realizados por los estudiantes o en clases prácticas.

El orden de las secciones no es estricto, pero en muchas de ellas se requiere información previa. Por ejemplo, para el tema de Árboles se requiere del conocimiento base explicada en la sección Recursión por ser una estructura de datos recursiva por definición. Igualmente, es el facilitador/-docente quién decide el orden al momento de difundir conocimiento.

Este documento no contiene todos los aspectos relacionados con cada sección, ya que trata de ser una guía para un período de clases de aproximadamente 4 horas semanales durante un período de 14 semanas (56 horas). Así, de antemano se recomienda complementar su utilización con otros textos o material bibliográfico de los tópicos explicados.

Todo el documento emplea la notación Alpha[1] la cual consiste en una notación algorítmica básica basada en pseudocódigo para la escritura de algoritmos y estructuras de datos. La idea es ser consistente al momento de la docencia y no incurrir en errores como mezclar notaciones de diversos lenguajes de programación. Además, la notación permite una rápida conversión a cualquier lenguaje de programación moderno.

---

[1]La especificación completa de la notación Alpha está disponible en http://goo.gl/SOHo8h

1

Tabla de Contenidos

Parte I
Tipos de Datos

En la construcción de algoritmos eficientes, no solo basta la utilización de la lógica correcta para la resolución del problema sino también las estructuras de datos involucradas en dicho algoritmo. Las estructuras de datos están compuestas por un conjunto de variables que almacenarán los valores necesarios para un algoritmo. Estos valores toman información de acuerdo a un conjunto finito definido por un lenguaje de programación que los identifica. Asociado a estos valores se encuentra una serie de operaciones particulares. A este conjunto de valores y operaciones particulares se le conoce como tipo de dato de un lenguaje de programación.

A continuación estudiaremos en qué consisten los tipos de datos, una pequeña clasificación, que operaciones están asociadas a éstos y cómo están representadas en el computador.

1   Definiciones

Un tipo de dato es un conjunto de valores y un conjunto de operaciones aplicadas a dichos valores en un lenguaje de programación. Dependiendo del lenguaje de programación, un tipo de dato puede ser una estructura de datos, un tipo definido por el programador, un tipo abstracto, una clase, entre otros. Es posible clasificar los tipos de datos en tipos simples o elementales y en tipos compuestos o estructurados. En la Fig. 1 se muestra la clasificación empleada de tipos de datos para la notación empleada.

Figura 1: Clasificación de los tipos de datos según su naturaleza.

El tipo simple está formado por aquellos que no pueden dividirse en componentes, es decir, forman en sí un tipo de dato indivisible o tipo base. Por el contrario, el tipo compuesto está formado por componentes tal que puede descomponerse o dividirse en tipos simples. Entre los tipos simples están el tipo Char, Pointer, Integer, Real, Boolean y Enum. En el tipo compuesto se encuentra el tipo String y Array, los cuales pertenecen a una subclasificación de acuerdo al tipo de elementos simples que lo conforman (tipo homogéneo); y los tipo Register y File que pueden contener elementos de diversos tipos (heterogéneo).

Es importante destacar que la clasificación se enfoca en los tipos de datos estáticos o creados de forma directa en la mayoría de los lenguajes de programación. Se excluyen tipos compuestos homogéneos dinámicos como listas, árboles, grafos, entre otros.

Básicamente en un lenguaje de programación, es posible expresar los valores de un tipo de dato de 3 formas:

1. Constantes: denotan un valor en particular dentro del conjunto posible para un tipo de dato.

2. Identificadores, nombres o variables: representan un valor cualquiera del conjunto posible para un tipo de dato asociado a una combinación de caracteres (dependiente del lenguaje).

3. Expresiones: denotan valores como resultado de operaciones entre constantes/identificadores/otras expresiones.

Cada tipo de dato determina una clase de valores que puede asumir un identificador o expresión las cuales pertenecen a un solo tipo. Por su parte, los operadores actúan sobre operandos de algún tipo y arrojan como resultado otro tipo (que puede ser del mismo tipo o no). Al mismo tiempo, la utilización de los tipos de datos proporciona un ocultamiento de la representación interna en el computador de dichos tipos, ofreciendo una abstracción que es beneficiosa para la portabilidad y semántica de los programas.

Del mismo modo, la verificación de los tipos durante el programa es una tarea importante a realizar. Esta verificación consiste en detectar que cada operación reciba el número adecuado de argumentos y que éstos sean del tipo adecuado. Esto puede ser realizado de forma dinámica o de forma estática, es decir, en momento de ejecución o compilación/traducción respectivamente[2].

A continuación estudiaremos los tipos de datos indicando su organización lógica de definición, así como las operaciones y atributos que posee. También se estudiará la representación que manejan internamente en el computador, la cantidad de memoria que ocupan (CM(tipo)), y el conjunto de valores que puede tomar denominado como cardinalidad (CARD(tipo)).

En este estudio, no se tomará en cuenta el controlador o descriptor que algunos lenguajes de programación asocia a cierto tipos de datos para realizar chequeos de desbordamiento que son ejecutados en tiempo de ejecución. Este descriptor puede incluir identificador únicos que asocian a un identificador así como límites o identificadores de subtipos.

2 Tipo de Dato Simple

Los valores de los tipos simples se codifican en la memoria del dispositivo como una secuencia de 0's y 1's. Estos están presente en la mayoría de lenguajes de programación y consideraremos los más esenciales. Por lo general, los tipos de dato simple ocupan lo que se denomina una palabra en memoria, debido a que en el peor de los casos los datos están alineados a frontera de palabra. Una palabra se define como una cantidad de bytes que es dependiente del hardware y está directamente relacionada con el direccionamiento. Por ejemplo, en la tabla 2 se muestra el espacio en bytes ocupado para una palabra de memoria en diversas arquitecturas.

Arquitectura	Tamaño de la Palabra
16 bits	2 bytes
32 bits	4 bytes
64 bits	8 bytes
128 bits	16 bytes

Tabla 1: Ejemplo del tamaño en bytes de 1 palabra en memoria para diversas arquitecturas.

---

[2]Comentar sobre la diferencia entre ensamblador, compilador y traductor

Se considera que el tamaño de un tipo simple es 1 palabra, es decir, CM(tipo_simple) = 1. Las instancias o variables creadas son las que ocupan el espacio en memoria mientras que la representación de los tipos no.

2.1 Tipo Integer

Conjunto de Valores: Se define como un subconjunto de $\mathbb{Z}$

Conjunto de Operaciones: Suma, resta, multiplicación, división entera (div), residuo (mod), y operaciones relacionales ($>$, $<$, $>=$, $<=$, $==$, $!=$).

En algunos lenguajes existen operaciones bit a bit, es decir, operadores que manejan la representación binaria del tipo Integer tales como desplazamientos/corrimientos de bits o *bitwise*.

Representación: La representación de los enteros se pueden clasificar en enteros sin signo y con signo. Un entero sin signo (*unsigned integer*) que emplee n bits para su representación, puede representar un total de 2^n valores. Por ejemplo, el número decimal 3, en una arquitectura donde el tipo Integer requiera $n = 8$ bits, dicho número sería 00000011.

Por otro lado, un entero con signo (*signed integer*) requiere que los números negativos sean representado en formato binario. Así, existen diversas representaciones como signo-magnitud, complemento a la base menos uno (o complemento a uno), complemento a la base (o complemento a dos), en exceso a k, y base -2. Cada una de las representaciones tiene sus ventajas y desventajas (que no son tema de este documento).

Como ejemplo, se explicará la representación de complemento a dos para el número -6. La forma más sencilla es codificar el número en valor absoluto a su representación en binario, luego invertir todos los bits y finalmente sumarle el valor de 1. Así se tiene:

```
00000110   //representación del número |-6|
11111001   //invertir todos los bits
11111010   //sumarle el valor de 1, entonces 11111010 = -6
```

Cardinalidad: Dependiendo del número de bits empleados en la representación de un valor tipo Integer, existe una variación en el número de valores posibles que pueden tomar. En la tabla 2 se muestra el rango de valores y la cantidad de valores para diferentes tamaños de n empleando la representación de complemento a dos.

n	Nombre Usual	Rango	Cardinalidad
8	byte	Con signo: de -8 a 7 Sin signo: de 0 a 15	$2^3 - 1$ valores
16	short	Con signo: de -128 a 127 Sin signo: de 0 a 255	$2^8 - 1$ valores
32	int	Con signo: de -2147483648 a 2147483647 Sin signo: de 0 a 4294967295	$2^{32} - 1$ valores
64	long / int64	Con signo: de -9223372036854775808 a 9.223372036854775807	$2^{64} - 1$ valores

Tabla 2: Rangos y cardinalidad para algunos valores comunes del tipo Integer empleando n bits.

Así, la cardinalidad para el tipo Integer con una representación de n bits es $2^n - 1$ valores.

2.2 Tipo Real

Conjunto de Valores: Se define como un subconjunto de $\mathbb{R}$

Conjunto de Operaciones: Suma, resta, multiplicación, división, y operaciones relacionales ($>$, $<$, $>=$, $<=$, $==$, $!=$).

Es importante recordar que pueden existir errores en la representación de un número real por truncamiento y redondeo. Así, quizás el siguiente código arroje como salida "Son Distintos":

```
Const Real PI = 3.1415926535
if PI == 3.1415926535 then
  Print("Son Iguales")
else
  Print("Son Distintos")
end
```

Representación: Un número del tipo real es representado con el método de punto flotante el cual es una aproximación de dicho número en el computador. Para ello se requiere de un número fijo llamado parte significativa, y un exponente. Este proceso siempre asumiendo que la base es 2 (base binaria), en ocasiones puede variar a base 10 o 16. Entonces, un número puede ser representado como:

$$parte\_significativa \times base^{exponente}$$

Por ejemplo:

$95.164 = 95164 \times 10^{-2}$

donde 95164 es la parte significativa, la base es 10, y -2 es el exponente.

Desde hace dos décadas, se emplea en la mayoría de los sistemas computacionales el estándar IEEE 754 para la representación de un número en punto flotante (precisión simple o precisión doble). En dicho estándar, se consideran algunos aspectos para su representación y almacenamiento:

- Existe un bit de signo, donde 0 representa un número positivo y 1 un número negativo

- El exponente es base 2

- Existe un campo de exponente donde se almacena el valor del exponente sumándole el valor de 127 (precisión simple) o 1023 (precisión doble).

- Se asume que el primer bit de la parte significativa (denominada mantisa) es siempre $1.f$

Es importante destacar que el número de bits n empleado depende de la arquitectura del sistema. Brevemente, se muestra el proceso de convertir un número a real a su representación en IEEE 754.

$22,625(base10) = 10110,101(base2)$

$$(1 \times 2^4) + (0 \times 2^3) + (1 \times 2^2) + (1 \times 2^1) + (0 \times 2^0) + (1 \times 2^{-1}) + (0 \times 2^{-2}) + (1 \times 2^{-3})$$

Primero, el proceso consiste es desplazar hacia la izquierda la coma decimal tal que el número se represente de la forma $1.b_1b_2b_3b_4\ldots b_k \times 2^k$, donde $b_1b_2b_3b_4\ldots b_k$ representa a la mantisa y k al exponente. De esta forma queda:

$$1,0110101 \times 2^4$$

10

Por su parte $k = 4$, el exponente, pero se almacena sumándole el valor de 127 (precisión simple), quedando 131 y su representación en binario es 10000011. Finalmente, la representación en IEEE 754 de valores de precisión simple es 1 bit para el signo, 8 bits para el exponente y 23 bits para la mantisa. Finalmente, el número 22,625 en binario es:

$$0 \; 10000011 \; 01101010000000000000000$$

La cantidad de memoria que ocupa este tipo es 1 palabra $\rightarrow$ CM(Integer) = 1 palabra.

Cardinalidad: La cardinalidad de un tipo Real con n bits para la parte significativa y m bits para el exponente en representación de complemento a dos se puede calcula como $2^n \times 2^m = 2^{n+m}$. Si la representación es signo-magnitud, existe una doble representación del exponente y parte significativa, por lo que su cardinalidad es $(2^n - 1) \times (2^m - 1)$.

2.3 Tipo Char

Conjunto de Valores: El tipo Char es una unidad de información que representa a un símbolo o grafema tal como un alfabeto de una forma escrita. Letras, dígitos numéricos, símbolos de puntuación, espacio en blanco, y otros caracteres pertenecen al conjunto de valores de un tipo Char. Los dos tipos de codificación más empleados son ASCII (*American Standard Code for Information Interchange*) y UNICODE.

Conjunto de Operaciones: Los caracteres pueden verse como un conjunto ordenado sobre el cual pueden realizarse operaciones lógicas y numéricas. Así, es posible aplicar operadores relacionales de acuerdo al código ASCII o UNICODE que representa cada caracter. Por ejemplo, empleando la codificación ASCII, se cumple la siguiente relación:

$$97 = \text{'a'} < \text{'b'} < \text{'c'} < \ldots < \text{'z'} = 122$$
$$64 = \text{'A'} < \text{'B'} < \text{'C'} < \ldots < \text{'Z'} = 122$$
$$48 = \text{'0'} < \text{'1'} < \text{'2'} < \ldots < \text{'9'} = 57$$

De esta manera, la operación 'a' + 1 == 'b' retornará el valor de true.

Representación: La codificación ASCII incluye en su definición 128 caracteres, donde 33 son caracteres de control o no imprimibles y 95 caracteres imprimibles. Para ello solo requiere de 7 bits para almacenar un valor. Actualmente, casi todos los sistemas computacionales emplean el código ASCII o una extensión compatible para textos y para el control de dispositivos que reciben entradas como el teclado. Por ejemplo la codificación UTF-8 (*UNICODE Transformation Format*) es un formato de codificación orientada a byte (8 bits) que emplea símbolos de longitud variable e incluye la especificación de 7 bits de ASCII. Gran parte de los lenguajes de programación, emplean un byte para representar a un carácter.

Igualmente, la codificación UNICODE incluye codificación con 16 bits de longitud variable UTF-16 y UTF-32 que es una codificación 32 bits de longitud fija.

La cantidad de memoria que ocupa este tipo es 1 palabra $\rightarrow$ CM(Char) = 1 palabra.

Cardinalidad: De acuerdo al número de bits empleados por cada codificación su cardinalidad varía. Así, si se emplea n bits entonces la cantidad de valores posibles es $2^n - 1$.

2.4 Tipo Boolean

Conjunto de Valores: El tipo Boolean tiene dos posible valores (generalmente llamados true y false) que representan los valores de verdad especificados en el álgebra de Boole.

Conjunto de Operaciones: Este tipo de dato está asociado principalmente a sentencias condicionales que cambian el control del flujo de ejecución de un programa. Las operaciones algebraicas tales como <u>and</u>, <u>or</u>, == y <u>not</u> son parte del conjunto posible de operaciones que soporta.

Representación: Para ello solo bastaría un bit para su representación. Sin embargo, es usual que la unidad mínima de almacenamiento para un tipo de dato sea 1 palabra, por lo que se utiliza 1 palabra para representarlo. Si una palabra se define como 8 bits, entonces se requiere de un byte para su almacenamiento donde el valor de 0 representa a false y 1 a true. Muchas veces, el valor de true se asocia con cualquier valor distinto de 0 (depende del lenguaje de programación).

La cantidad de memoria que ocupa este tipo es 1 palabra $\rightarrow$ CM(Boolean) = 1 palabra.

Cardinalidad: Dado que solo toma dos valores posible, su cardinalidad es 2.

2.5 Tipo Enum

Conjunto de Valores: El tipo Enum (también llamado enumerado) es un tipo que consiste en un conjunto de valores llamados elementos, miembros o enumerados del un tipo de dato. Un tipo enumerado está compuesto por valores constantes del lenguaje. Por ejemplo, el tipo Enum llamado *suit*, contiene dentro de su conjunto a los valores CLUB, DIAMOND, HEART y SPADE. El orden de los valores constantes es importante en la definición de un tipo Enum. Generalmente y por convención, se suelen colocar los elementos con letras mayúsculas.

Conjunto de Operaciones: Los operadores aritméticos y relacionales son posibles para cada uno de sus elementos, pero siempre tomando en cuenta que el resultado de la operación se encuentre en el rango definido por el enumerado.

Representación: A cada constante del tipo Enum se le asocia un valor entero comenzando desde el 1, y de manera consecutiva para los otros elementos. Por ejemplo, la siguiente definición es correcta:

```
Type Enum eDir = [NORTH, EAST, SOUTH, WEST]
eDir direction = 2
select
  direction == NORTH:
    Print ("Hacia el Norte")
    break
  direction == EAST:
    Print ("Hacia el Este")
    break
  direction == SOUTH:
    Print ("Hacia el Sur")
    break
  direction == WEST:
    Print ("Hacia el Oeste")
    break
end
```

La salida será "Hacia el Este", y dado que es posible asignarle valores del tipo Integer directamente a un tipo Enum, entonces se representa como un valor entero que representa la cantidad de elementos que posee el enumerado. Para el caso del ejemplo, se almacena el valor de 4.

La cantidad de memoria que ocupa este tipo es 1 palabra $\rightarrow$ CM(Enum) = 1 palabra.

Cardinalidad: La cardinalidad se deriva del número de elementos o miembros del tipo Enum.

2.6 Tipo Pointer

Un tipo Pointer se refiere a valores que hacen referencia otro valor almacenado en una posición de memoria. Entonces, este tipo de dato referencia a una dirección de memoria. En la sección 4 se hace un estudio detallado de este tipo de dato. Sin embargo, en este punto podemos denotar que la cantidad de memoria que ocupa es también 1 palabra $\rightarrow$ CM(Pointer) = 1 palabra.

2.7 Ejemplo de declaraciones

En la tabla 3 se muestra una comparación en la declaración de los distintos tipos de dato simple.

Tipo de Dato	Notación Alpha	C/C++
Integer	Integer iValue = 3	int iValue = 3;
Real	Real rValue = 3.14159	float rValue = 3.14159;
Char	Char cValue = 'x'	char cValue = 'x';
Boolean	Boolean bValue = rValue <iValue	bool bValue = rValue <iValue
Enum	Enum eValue = [N, S, E, W]	enum eValue {N, S, E, W};
Pointer	Integer * pValue	int * pValue;

Tabla 3: Ejemplo comparativo de algunas definiciones de los tipos simples en la notación Alpha y C/C++.

En el lenguaje C++ existen diversos tipos de datos que varían de acuerdo al número de bits que poseen, o si consideran números con signo y sin signo. Así se pueden definir tipos int, unsigned int, signed int, short int, long int, entre otros. La definición de estos tipos varía de acuerdo al rango que operan y su tamaño depende tanto del compilador que se utiliza así como de la arquitectura del computador.

Empleando C++ es posible conocer el tamaño en bytes de los tipos de datos con la instrucción *sizeof*. Un ejemplo de ello sería:

```
#include <iostream>
#include <cstdlib>
using namespace std;

int main()
{
    cout << "Size of char: " << sizeof(char) << endl;
    cout << "Size of int: " << sizeof(int) << endl;
    cout << "Size of short int: " << sizeof(short int) << endl;
    cout << "Size of long int: " << sizeof(long int) << endl;
    cout << "Size of float: " << sizeof(float) << endl;
    cout << "Size of double: " << sizeof(double) << endl;
    cout << "Size of wchar_t: " << sizeof(wchar_t) << endl;
    return EXIT_SUCCESS;
}
```

Cuando se desea contener una cantidad de tipos de datos considerable o se requiere una estructura más compleja para resolver un problema, se emplean otros tipos de datos: los tipos compuestos.

13

3 Tipo de Dato Compuesto

Como se menciono anteriormente, un tipo compuesto representa a un conjunto de tipos simples que forman al tipo compuesto. Generalmente, un tipo compuesto forma parte de diversos lenguajes de programación como tipo de dato donde cada uno de sus componentes son accedidos. Principalmente se estudiará el tipo Array, String, Register y File. Nótese que tipos homogéneos y de naturaleza dinámica como lo son el tipo List, Queue, Stack, Tree se consideran tipos compuestos.

3.1 Tipo Array

3.1.1 Unidimensional

Conjunto de Valores: Valores que pueden ser simples o compuestos de la forma $(e_{li}, e_{li+1}, ..., e_{ls-1}, e_{ls})$, donde e_i es del tipo base del arreglo, li representa el límite inferior y ls el límite superior. Así, el número de valores es $ls - lis + 1$, y sobre cada valor se aplican las mismas operaciones del tipo base del arreglo.

Operación Constructora: Es posible definir un arreglo y asignar valores de diversas formas. La primera consiste en crear el arreglo y luego asignar sus valores uno a uno:

```
Array aValues of Integer [1..5]
aValues[1] = 1
aValues[2] = 1
aValues[3] = 2
aValues[4] = 3
aValues[5] = 5
```

En dicha definición se observa que el número de elementos es $ls - li + 1 = 5 - 1 = 4$ y que luego de asigna uno a uno sus valores. Por otro lado, se pueden definir los valores del arreglo unidimensional por extensión en el momento de su construcción de la siguiente forma:

```
Array aValues of Integer [] = {1, 1, 2, 3, 5}
```

No se indica el tamaño del arreglo debido a que la operación constructora permite asignarle directamente los valores y determinar su dimensión.

Fórmula de Acceso: La fórmula de acceso consiste en localizar al elemento de la posición i del arreglo A empleando una dirección de memoria base $dirBase$:

$A(i) = dirBase + (i - li) * CM(TBase)$

Con la fórmula de acceso es posible localizar un elemento del arreglo unidimensional con solo la dirección de memoria inicial asumiendo que cada elemento se encuentra contiguo en memoria. De esta forma, solo empleando desplazamientos es posible tener acceso a un elemento. En la Fig. 2 se muestra un ejemplo para el elemento i del arreglo $A[i]$ tal como se mostró en la fórmula anterior.

Figura 2: La fórmula de acceso permite ubicar el elemento i de un arreglo unidimensional A dada su dirección de memoria base (i.e. la dirección de A[5]) en los límites $li - ls$.

<u>Cardinalidad</u>: La cardinalidad del tipo Array para el caso unidimensional es

$$\prod_{i=li}^{ls} Card(TipoBase) = Card(TipoBase)^{(ls-li+1)}$$

<u>Cantidad de Memoria</u>: La cantidad de memoria que ocupa (complejidad en espacio) de un tipo Array unidimensional se define como:

$CM(Array_{1D}) = CM(TipoBase) * (ls - li + 1)$

En algunos lenguajes de programación se suele añadir en el espacio del tipo Array una cabecera o *header*, también llamado descriptor, que almacena los valores de los límites del arreglo que es de utilidad para el compilador. En los lenguajes modernos, este valor no es empleado porque se definen correctamente lo límites o se calculan en tiempo de ejecución por el compilador.

3.1.2 Bidimensional

<u>Conjunto de Valores</u>: Al igual que el tipo Array unidimensional, está formado por tipos simples o compuestos. En este caso, dado que es bidimensional, se requieren los límites tanto para las dos dimensiones: li_1, ls_1 y li_2, ls_2

<u>Operación Constructora</u>: Un arreglo bidimensional o matriz, se declara básicamente de dos formas:

```
Array aMatrix of Integer [1..2][1..3]
aValues[1][1] = 1
aValues[1][2] = 1
aValues[1][3] = 2
aValues[2][1] = 3
aValues[2][2] = 5
aValues[2][3] = 8
```

Del mismo modo, se puede crear por extensión los mismo valores:

```
Array aMatrix of Integer [][] = {{1, 1, 2}, {3, 5, 8}}
```

<u>Fórmula de Acceso</u>: La fórmula de acceso consiste en localizar al elemento de la posición (i, j) de la matriz M empleando una dirección de memoria base $dirBase$:

$M(i, j) = dirBase + [(i - li_1) * (ls_2 - li_2 + 1) + (j - li_2)] * CM(TipoBase)$

La Fig. 3 muestra un ejemplo para ubicar la posición (i, j) dada la dirección de memoria de inicio de la estructura de datos (i.e. posición $M[1][1]$). La fórmula busca ubicarse $i - li_1$ filas desde la posición inicial, la cantidad del número de filas es $ls_2 - li_2 + 1$. Por último (debajo de las 3 filas color amarillo), se hace un desplazamiento $j - li_2$ más allá del inicio tal como se hace en un arreglo unidimensional.

<u>Cardinalidad</u>: La cardinalidad para el caso bidimensional es

$$\prod_{i=li_1}^{ls_1} \prod_{i=li_2}^{ls_2} Card(TipoBase) = Card(TipoBase)^{(ls_1-li_1+1)*(ls_2-li_2+1)}$$

<u>Cantidad de Memoria</u>: La cantidad de memoria que ocupa (complejidad en espacio) de un tipo Array bidimensional se define como:

$CM(Array_{2D}) = CM(TipoBase) * (ls_1 - li_1 + 1) * (ls_2 - li_2 + 1)$

Es importante destacar que se asume que la matriz se almacena por filas de forma contigua en memoria. Dependiendo de la arquitectura del computador, los datos de la matriz se pueden almacenar por columnas o por filas.

15

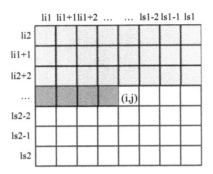

Figura 3: La fórmula de acceso permite ubicar el elemento (i, j) de una matriz M dada su dirección de memoria base en los límites li_1, ls_1 a li_2, ls_2.

3.2 Tipo String

Conjunto de Valores: El tipo String se puede definir como un arreglo unidimensional de elementos de tipo Char. Por lo que cada valor es un tipo Char, y su longitud viene definido por el máximo a almacenar en dicho tipo. Este valor máximo se define previamente el algoritmo.

Operación Constructora: Para definir un tipo String se define una variable de dicho tipo y se le asignan valores literales o de otro identificador del mismo tipo. Es importante destacar que es posible construir un String empleando la operación de substring como $[li..ls]$ donde li indica un índice positivo dentro del rango del string y ls un índice positivo dentro del rango tal que $ls \leq li$.

Cardinalidad: La cardinalidad de este tipo se calcula como el tipo Array con base el tipo Char, es decir Card(Char)^m, donde $m = ls - li + 1$ indicando el número máximo de elementos del tipo String.

Cantidad de Memoria: La cantidad de memoria que ocupa es simplemente m palabras de memoria.

3.3 Tipo Register

Conjunto de Valores: Un tipo Register está formado por valores simples o compuestos $(e_1, e_2, ..., e_{m-1}, e_m)$, en donde e_i es del tipo T_i.

Operación Constructora: El tipo Register se define como:

```
Register rData
    String sName
    Integer iId
    Char cSex
end
```

En el código anterior se declara una variable $rData$ que puede ser empleada en nuestros algoritmos. Por otro lado, es posible crear un tipo de dato definido por el programador con la instrucción Type como sigue:

```
Type Register rtData
```

16

```
    String sName
    Integer iId
    Char cSex
end
rtData oUser1, oUser2
```

De esta forma, existe un tipo de dato compuesto heterogéneo rtData y existen dos variables de este tipo llamadas oUser1 y oUser2.

Operación Selectora: La operación selectora de un tipo Register es a través del operador punto (.) que permite seleccionar un elemento (simple o compuesto) del registro. Por ejemplo oUser1.sName = "Bart" permite asignarle valores del tipo String al campo sName de la variable oUser1. Es importante notar que también es posible asignar valores al tipo Register sin emplear la operación selectora pero debe ser realizado para todos sus valores (o usar el valor defecto/neutro de cada tipo de dato):

```
rtData oUser1, oUser2
oUser1 = {"Bart", 742, 'M'}
oUser2 = {"Lisa", 741, 'F'}
```

Fórmula de Acceso: La fórmula de acceso para un campo $< identificador > . < campo >$ del tipo Register, dado su dirección base, se define como:

$$dirBase + \sum_{i=1}^{m} CM(C_i)$$

donde m es el número de campos del identificador, y $CM(C_i)$ representa la cantidad de memoria que ocupa el campo i.

Cardinalidad: La cardinalidad de este tipo es:

$$Card(Register) = \prod_{i=1}^{m} Card(C_i)$$

Cantidad de Memoria: La cantidad de memoria que ocupa es la suma de todos los campos que la conforman, $\sum_{i=1}^{m} CM(C_k)$

3.4   Tipo File

El tipo File no será estudiado ya que representa a una estructura que extrae/coloca elementos de archivos y sirve de enlace entre una información estructurada (i.e. en memoria, disco) y el algoritmo.

4   Tipo de Dato Pointer

También llamado apuntador, referencia, puntero o pointer. Un tipo Pointer no es más que un tipo de dato elemental que representa una dirección de memoria en donde por lo general se encuentra un dato, sea simple o compuesto. Los apuntadores son la base para la creación de la mayoría de las estructuras dinámicas, como listas, grafos y árboles. La cantidad de memoria que ocupa cada variable de tipo referencia es 1 palabra. Se declara de la siguiente forma:

```
<tipo de dato>* <nombre-variable u objeto>
```

Algunos ejemplos son:

```
Type Register Point
  Real x,y
end
Integer* pInt    // variable apuntador a entero
Point* pPoint    // variable apuntador al tipo Point
Type Point* PPoint   // esto es un tipo apuntador a Point
PPoint pMyPointer // variable apuntador a Point
```

4.1 Conjunto de valores

Los valores asociados al tipo referencia son direcciones de memoria. Si se pueden direccionar 4 GB[3], entonces las direcciones van desde la posición de memoria 0 hasta $2^{32} - 1$ (haciendo abstracción de los mecanismos de direccionamiento). Esto va a depender del tamaño de la dirección en una arquitectura dada. La dirección 0 por lo general está reservada, y se utiliza para inicializar los apuntadores, o indicar que no están apuntando a ningún valor. La constante $NULL$ o NIL es empleada para darle mayor legibilidad a los algoritmos, y no se debe acceder a esta dirección que generalmente es la dirección 0.

4.2 Conjunto de operaciones

Las operaciones más comunes son la asignación y las relacionales. Por lo general sólo interesa comparaciones de igualdad y diferente; raramente se requiere comparar ($>$ o $<$) una dirección con otra. Algunos lenguajes soportan aritmética de punteros donde es posible incrementar o decrementar una dirección. En el caso de la asignación, es importante que ambas direcciones apunten a elementos de un mismo tipo, pues de lo contrario se podrían acceder e interpretar datos de manera errónea. Dos apuntadores son iguales si almacenan la misma dirección de memoria.

Otro operador es la derreferenciación. Este operador retorna el dato referenciado por el apuntador, y se coloca antes del identificador que se desea derreferenciar. Se empleará el símbolo $*$ para derreferenciar y se acostumbra colocarlo entre paréntesis junto con el identificador para mayor legibilidad. A continuación se muestra un ejemplo como continuación del segmento de código anterior:

```
pPoint = new Point; //la instrucción new se explica más adelante
*pPoint.x = 0 // se accede la coordenada x del punto pPoint, también se puede emplear como (*←
    pPoint).x
Point ptNew // se define una variable de tipo registro Point
ptNew = *pPoint // el punto apuntado por pPoint es asignado a ptNew
```

La operación contraria a la derreferenciación es la referenciación (también llamada indirección). Este operador retorna la dirección de una variable u objeto. Se debe emplear mediante la palabra ref.

```
Point ptMyPoint;
Point * pPointer;
pPointer = ref ptMyPoint; //pPointer toma la dirección en donde está almacenado ptMyPoint
*pPointer.x = 4     // se asigna 4 al campo x de pPointer. Equivale a ptMyPoint.x = 4;
*(ref ptMyPoint).y = 3     // solo a manera de ejemplo. Equivale a ptMyPoint.y = 3;
*(*(ref pPointer)).y = 1     // solo a manera de ejemplo. Equivale a ptMyPoint.y = 1;
```

---

[3]En este documento se empleará la notación SI en vez de la ISQ donde la forma correcta es 4 gibibit.

El operador * tiene prioridad sobre el operador punto . utilizado para acceder miembros de registros y objetos, y éste sobre el operador *ref*. Entre otros operadores sobre apuntadores se encuentra el *new* y *delete*.

4.2.1 Operador new

Este operador reserva el espacio en memoria suficiente para el tipo de dato especificado como parámetro y retorna la dirección de memoria que hace referencia a dicho espacio. Si no se logró reservar el espacio entonces retorna *NIL*. Es buena práctica de programación, verificar que se reservó la cantidad de memoria solicitada. En los compiladores actuales, si no hay memoria, se genera una excepción. En estos casos, hay que manejar las excepciones, y no el valor de retorno. Unos ejemplos de su sintaxis se muestra a continuación:

```
Char* pChar = new Char
User* oUser = new User("Homer")
Real** pDoubleReal = new Real*
```

Entonces, el operador *new* reserva el espacio en memoria para el tipo de dato que se está creando. Veamos un ejemplo más extenso:

Ejemplos:

```
Integer* pInt
Point* pp

pInt = new Integer   //se asume que siempre se podrá reservar memoria
pp = new Point
*pp.x = 4; *pp.y = 6;
*pInt = 100
```

Una posible representación del código anterior se puede observar en la Fig. 4 donde se muestra que tanto la variable pInt y pp ocupan un espacio de memoria pero almacenan la dirección, apuntan a, o guardan la referencia de la dirección de memoria de los datos 100 y {4,6} respectivamente.

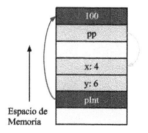

Figura 4: Ejemplo de representación en memoria del resultado del código anterior empleando apuntadores.

4.2.2 Operador delete

Este operador libera la memoria dinámica reservada mediante el operador new. En su sintaxis, se debe colocar la palabra delete seguido del apuntador a ser borrado. Como efecto de la operación, o estado final, la memoria es liberada y está disponible para alojar nuevos datos, pero por estar libre, no puede ser accedida, pues generaría un fallo de protección de memoria, por ejemplo:

Ejemplos:

```
delete pInt // se libera el entero apuntado por pInt
*pInt = 7 // fallo de protección de memoria
```

A pesar que la variable pInt sigue apuntando a la misma dirección de memoria luego del operador delete, ya esa posición de memoria no le pertenece al espacio de acceso permitido por el programa, y no puede ser accedida ni modificada. Para el caso de apuntadores a objetos, el operador delete invoca al destructor del objeto, y libera el espacio asignado;:

```
User oUser = new User ()
delete oUser       // se invoca al método destructor de User
```

En caso que User contenga a su vez atributos de tipo apuntador que hayan solicitado memoria dinámica, estos deben ser liberados en el destructor de la clase User. El operador delete genera un error si la dirección no contiene un dato creado dinámicamente con new, si el dato apuntado ya fue liberado previamente, o si la dirección es NIL.

Los datos que fueron creados con el operador new deben ser destruidos con el operador delete. De lo contrario, ese espacio queda ocupando espacio en memoria hasta que el programa termine su ejecución. Lenguajes como Java y C# destruyen los objetos automáticamente cuando dejan de ser referenciados, es decir, cuando los apuntadores a esas áreas han desaparecido del ambiente de referenciación. En el caso de C++, se debe invocar explícitamente al operador delete para liberar la memoria (con excepción de los *smart pointer*).

4.2.3 Memoria dinámica

Un apuntador es un número que representa una dirección, y al igual que el tipo Integer ocupa una palabra de memoria. Su cardinalidad es la cantidad de memoria asignable. Actualmente, la cantidad de memoria asignable no es únicamente la cantidad de memoria debido a muchos sistemas soportan el concepto de memoria virtual.

Entre las ventajas en la creación de memoria de forma dinámica está la de reservar espacio para n componentes de un mismo tipo de dato. De esta forma, es posible construir un conjunto de datos de un mismo tipo como un arreglo. El siguiente código permite crear un arreglo de forma estática y dinámica o en tiempo de ejecución.

```
Array aArray of Real [1..67]
aArray [5] = 6
Real* prArray = new Real [1..67]
*(prArray + 5) = 6.5    //es equivalente a utilizar prArray[5] = 6.5
```

Se puede observar que para el caso del apuntador prArray, dado que es una dirección de memoria, se puede aplicar la operación de suma a la dirección base de dicho arreglo en 5 posiciones. El resultado es equivalente a aplicar prArray[5], la cual representa una forma más simple de utilizarla.

Dada que la posición del apuntador se encuenta en la primera posición de los datos (que estan continuos en memoria) es posible asignarle un valor a la primera posición de la siguiente forma:

```
*prArray = 2.8
```

Sin embargo, luego de dicho entero se encuentran 66 datos del tipo Integer más, que pueden ser accedidos derreferenciando una posición de memoria o de forma convencional con el operador selector [ ].

Dada la diferencia entre aArray y prArray, una definida en tiempo de compilación y la otra en ejecución respectivamente, se debe tomar en cuenta que el espacio solicitado dinámicamente por prArray debe ser liberado. No basta el operador delete en su forma convencional puesto que liberaría sólo el primer elemento. Hace falta indicar que el apuntador referencie a una serie de elementos. De esta manera, se debe emplear la siguiente instrucción:

```
delete [] prArray
```

Este operador libera todos los elementos que estén alojados desde la posición apuntada por prArray. Si el contenido del arreglo son objetos, entonces se invocará a los destructores correspondientes. Igualmente, cuando se desea crear un arreglo de objetos dinámicamente, sólo puede invocarse al constructor por defecto de los objetos.

Dicho esquema puede aplicarse a arreglos bidimensionales. Un ejemplo para la construcción de una matriz dinámica de $m \times n$ posiciones donde primero se debe construir un arreglo de m posiciones que contenga a apuntadores del tipo base del arreglo. Luego, cada posición almacenará una fila completa del arreglo bidimensional. En este punto, n indica el número de columnas en cada fila del arreglo. En la Fig. 5 se muestra un ejemplo para un arreglo del tipo Integer con $m = 4$ y $n = 6$.

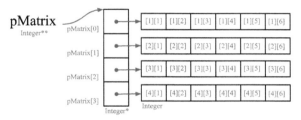

Figura 5: Ejemplo de construcción de un arreglo bidimensional de 4×6 empleando la variable pMatrix.

Escribiendo el código, la construcción de la matriz de 4×6 del tipo Integer empleando memoria dinámica con el apuntador pMatrix queda como:

```
Const Integer m = 4
Const Integer n = 6
Integer** pMatrix
Integer iK
pMatrix = new Integer* [m]
for iK = 1 to m do
  pMatrix[ik] = new Integer [n]
end
```

Como se observa, se aloja memoria para una alojar apuntadores a las filas para luego, crear dichas filas de forma dinámica del tamaño de las columnas. Ahora, el proceso para liberar dicha

21

memoria consiste en liberar el espacio de cada fila completa y luego a los punteros de dichas filas. El código asociado para liberar el espacio de la variable de arreglo bidimensional pMatrix es:

```
for iK = 1 to m do
  delete [] pMatrix[iK]
end
delete [] pMatrix
```

Es posible crear dinámicamente un número distinto de columnas para cada fila, pero esto no entraría en la definición de arreglo. Sin embargo, esta sería una buena forma de definir una estructura de datos llamada *Sparse Matrix* (ver 2.1 para mayor detalle)

5 Ideas Finales

- El uso de tipos de datos incrementa la legibilidad y semántica de un programa

- Básicamente, se puede clasificar los tipos de datos por la naturaleza de los valores que almacena (simple o compuesto) o por la forma como son creados (estático o dinámico)

- La cantidad de memoria de un tipo, llamado complejidad en memoria o espacio que ocupa, corresponde al número de bytes o palabras en memoria que se requiere para su almacenamiento

- Cualquier función recursiva puede ser sustituida por una equivalente iterativa

6 Problemas

- Diseñe una estructura de datos que permita almacenar eficientemente matrices en forma de la letra Z, es decir, matrices con elementos significativos en la diagonal de izquierda a derecha desde arriba a abajo, y en la primera y última fila (con elementos no significativos en el resto). Calcule su costo de memoria, explique por qué es eficiente en comparación con la representación típica, su cardinalidad, la fórmula de acceso para un elemento (i,j) y por último elabora un algoritmo que permita sumar y multiplicar dichas matrices.

- Asumiendo que todas las variables están contiguas en memoria en el orden que son declaradas, calcule la fórmula de acceso a Total[i].A[j], Total[i].x, y Total[i].y dada la dirección base de Secret y la siguiente definición:

```
Type Register Secret
  Char c
  Integer x
  Real y
  Array A of Integer [1..10]
end
Array Total of Secret[-2..-1]
```

- Empleando la definición del tipo Secret (del problema anterior) y con esta definición:

```
Type Array CICPC of Secret[1..2]
Type Register Sol
```

```
    Array B of CICPC [−2..3]
    Boolean bUnBit
end
Array Moon of Sol [1..10]
```

Calcule el espacio o cantidad de memoria de la variable Moon.

- Escribir la fórmula de acceso k-Dimensional para una matriz de k dimensiones.

- Considere las siguientes definiciones de tipo:

```
Type Array Arr of Integer [−5..5]
Type Array Sub of Arr [−2..6]
Sub Aux
```

  1. Indique el costo en memoria de la variable Aux
  2. Indique la cardinalidad del tipo Sub
  3. Indique la fórmula de acceso de Aux[i]
  4. Indique la fórmula de acceso de Aux[i][j]

- ¿Es posible tener apuntadores de apuntadores y anidarlos cuantas veces sea necesario? ¿Cuál sería su utilidad?

- Defina una estructura de datos que permita almacenar eventos de un calendario para fechas válidas. Calcule su cardinalidad, complejidad en espacio, y fórmula de acceso para conocer el evento que se encuentra registrado en un día del año. Asuma que solo se representa un solo año.

Parte II

Recursividad

En Ciencias de la Computación, la programación imperativa es un paradigma de programación que describe a un programa en términos del estado de dicho programa y las instrucciones que cambian este estado. Entre dicho conjunto de instrucciones se encuentran los procedimientos/funciones (i.e. unidades invocables), los cuales definen una secuencia de operaciones que realizan una tarea específica y que pueden ser invocados desde cualquier sección de un programa.

En una unidad invocable U_1 el conjunto de instrucciones que se ejecutan siguen un secuenciamiento: $inst_1$, $inst_2$, ..., $inst_k$. Ahora, si alguna de las instrucciones corresponde a una llamada a otra unidad invocable U_2 entonces se crea un nuevo ambiente de programa y se ejecutan las instrucciones de ésta.

¿Qué sucede si una instrucción dentro de U_1 invoca a la unidad U_1?

Para entender mejor este aspecto, vamos a estudiar la Recursión.

1 Definiciones

La recursión es un proceso de definir una propiedad, una operación o una función en términos de sí misma. Así, es posible definir un conjunto "infinito" de objetos/operaciones con una declaración finita. En términos de Algoritmia, un algoritmo recursivo contiene en sus instrucciones una invocación a sí mismo. El número de invocaciones recursivas debe garantizar la finalización de un bloque de instrucciones.

Un ejemplo de conjunto definido de forma recursiva son los números naturales, donde:

1. 0 es un número natural que pertenece a N

2. n pertenece a N, entonces $n + 1$ pertenece a N

La recursión también se puede observar en la naturaleza como la forma de un copo de nieve, o la hoja de helecho. Igualmente, cuando se coloca un espejo frente a otro sucede que el reflejo de un espejo se observa en el otro que contiene el reflejo del primero y así de forma sucesiva hasta que se hace imperceptible dicho reflejo.

Existe una técnica de programación conocida como divide y conquista (*divide and conquer*) que consiste en dividir un problema en dos o más sub-problemas del mismo tipo (o muy similar) y del mismo tipo, hasta que su solución sea simple. La recursión es una herramienta vital en la técnica de *divide and conquer*, donde una invocación recursiva resuelve un problema de menor tamaño, de forma sucesiva, hasta llegar a un problema que su solución sea directa o muy simple. Posteriormente, cada solución obtenida se debe combinar para obtener la solución final al problema original.

Por ejemplo, la función Factorial de un número n se puede expresar como:

$$n! = \begin{cases} \text{si } n = 0 & \Rightarrow 1 \\ \text{si } n \geq 1 & \Rightarrow n \times (n-1)! \end{cases}$$

Si la operación $n!$ se define como una función llamada Fact con parámetro n, se puede definir la función factorial como:

```
Fact(0) = 1
Fact(n) = n*Fact(n-1) //n > 1
```

Del mismo modo, la sucesión de Fibonacci se puede expresar algorítmicamente como invocaciones a una función Fib con parámetro n, expresada como:

```
Fib(0) = 0
Fib(1) = 1
Fib(n) = Fib(n-1) + Fib(n-2) //n > 1
```

A continuación, estudiaremos que elementos componen a un algoritmo recursivo para su construcción.

2 Algoritmo Recursivo

En un algoritmo recursivo se deben identificar 3 elementos primordiales:

1. Caso(s) base(s): Corresponde con los casos del problema que se resuelven con un segmento de código que no aplica recursividad. Normalmente, corresponden a instancias del problema simples y fáciles de implementar cuya solución es conocida. Ejemplo: Fact(0) = 1.

2. Caso(s) recursivo(s): Se refiere a los casos que se resuelven mediante invocaciones a sí mismo, y por lo general reduce el problema de dimensión para que se aproxime cada vez más a un caso base y pueda ser resuelto de forma simple. El caso recursivo contiene una operación vital que se refiere a la combinación de las soluciones parciales encontradas. Generalmente, esta operación constituye una función de mezcla, operación aritmética, etc.

3. Parámetros: En toda unidad invocable recursiva se requiere al menos un parámetro que debe ser modificado en cada invocación recursiva (reduciendo el tamaño del problema). Los parámetros de la unidad invocable recursiva serán utilizados (generalmente por valor) en cada instancia para resolver el problema.

Para identificar los elementos mencionados, estudiemos la función Fact que calcula el factorial de un número.

```
1  function Fact (Integer iN) : Integer
2    if iN <= 0 then
3      return 1
4    else
5      return iN * Fact(iN - 1)
6    end
7  end
```

El caso base viene dado cuando el número a calcular es igual a 0 (línea 2), donde la función retorna el valor de 1 (línea 3). El caso recursivo se deriva directamente de la fórmula de la función factorial $n! = n * (n-1)!$, devolviendo el valor de $iN * Fact(iN - 1)$ (línea 5). El parámetro empleado solamente es el número a calcular (línea 1), el cual va disminuyendo de uno en uno en cada nueva invocación.

En la mayoría de lenguajes de programación y en arquitecturas basadas en una pila (*stack*), cuando se invoca a una función de este tipo, se crean instancias de la función donde se aloje la información necesaria en cada invocación para la ejecución de la función. Entonces, ¿qué efectos produce una invocación recursiva a nivel de ejecución en un computador?.

3 Ejecución

Cuando se invoca a un procedimiento o función, se almacena el ambiente local de éste en el tope de la pila del programa donde se aloja. Dicho ambiente contienen los parámetros y demás variables locales. La unidad invocable podrá acceder a sus variables según las reglas de alcances definidas por el lenguaje de programación. Si una unidad invocable recursiva contiene variables locales y/o parámetros, se creará un nivel en la pila diferente por cada invocación. Los identificadores de las variables locales serán los mismos, pero en cada nivel recursivo son un grupo nuevo de variables, con posiciones de memoria distintas (i.e. distintos ambientes de referenciación).

Del mismo modo como se apilan las variables, se guarda la posición de la última instrucción ejecutada, de manera tal, que cuando la función termina, todo el ambiente local se desapila y se retorna el control al punto en donde se hizo la invocación. Los resultados pueden ser retornados, o dejados en variables pasadas por referencia, en atributos, o en variables globales.

4 Clasificación

Existen diversos aspectos para la clasificación de unidades invocables recursivas U_i. Considerando diversos aspectos se pueden clasificar en:

De acuerdo al lugar de invocación:

- Directa: U_1 invoca a U_1

- Indirecta U_1 invoca a U_2 desde donde se invoca a U_1

De acuerdo a la cantidad de invocaciones:

- Simple: En U_1 existe solamente una invocación a U_1

- Múltiple: En U_1 existe más de una invocación a U_1

De acuerdo a su punto de invocación:

- Final: La invocación recursiva de U_i es la última instrucción del bloque de instrucciones

- No-Final: Al retornar de la invocación de U_i, se realiza un bloque de instrucciones

Existe otro tipo de clasificación que se denomina recursividad anidada, donde en algunos de los argumentos de la invocación recursiva existe otra invocación a sí misma. La función de Ackermann es un ejemplo de ello:

$$Ack(0, n) = n + 1$$
$$Ack(m, 0) = Ack(m-1, 1)$$
$$Ack(m, n) = Ack(m-1, Ack(m, n - 1))$$

5   Iterativo vs. Recursivo

En términos generales, las soluciones recursivas suelen ser más ineficientes en tiempo y espacio que las versiones iterativas, debido a las invocaciones realizadas, la creación de variables dinámicamente en la pila, la duplicación de variables, etc. Sin embargo, una solución recursiva suele presentarse de forma más "limpia" a nivel algorítmico que una solución iterativa.

A continuación se muestra la implementación iterativa de la función Fibonacci:

```
function FibI(Integer iN) : Integer
  if iN <= 2 then
   return 1
  else
    Integer iResult = 1, iTemp1 = 1, iTemp2
    for Integer iI = 0 to iN - 2 do
      iTemp2 = iResult + iTemp1
      iTemp1 = iResult
      iResult = iTemp2
    end
    return iResult
  end
end
```

Empleando la versión recursiva, el código de Fibonacci se muestra más simple y en menos líneas de código:

```
function FibR(Integer iN) : Integer
  if iN <= 2 then
   return 1
  else
    return FibR (iN - 1) + FibR (iN - 2)
  end
end
```

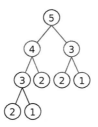

Figura 6: Representación gráfica de las invocaciones generadas con $Fib(5)$.

Ambas funciones realizan el cómputo del valor de Fibonacci para un número entero N. Sin embargo, la versión recursiva crea muchos ambientes recursivos durante la invocación de las funciones. Si se coloca de forma gráfica las invocaciones generadas con $Fib(5)$ de arriba hacia abajo, con enlaces que indiquen nuevos ambientes de programas, el resultado sería similar a como se observa en la Fig. 6.

Se puede observar que existen invocaciones duplicadas (e.g. $Fib(2)$ se debe calcular 3 veces) que hacen ineficiente dicha implementación con respecto a una versión iterativa. Entonces, es

27

importante evaluar el costo de construir algoritmos eficientes vs. legibilidad y simplicidad del código generado.

Es importante destacar que cualquier función recursiva se puede transformar en una función iterativa. Una forma de realizar esto es simulando la recursión con un Stack (ver la sección 3.4, parte V para mayor detalle).

6 Ejercicios

De forma natural, los algoritmos recursivos intentan solucionar un problema aplicando el concepto de divide y conquista. A continuación, una serie de ejercicios asociados al tema.

6.1 Imprimir una secuencia de números

Se quiere imprimir una secuencia de números. Dado un número entero n se desea que se imprima la serie de números de forma decreciente. Por ejemplo, para $n = 9$ se quiere la secuencia:

9 8 7 6 5 4 3 2 1 0

La forma natural, es empleando un ciclo desde el valor n hasta 0 con decrementos de 1 hasta que sea 0. Empleando recursión la idea es construir un procedimiento que imprima el número n que recibe como parámetro e invocar recursivamente al siguiente número de la secuencia con decrementos de 1. El algoritmo se puede escribir de la siguiente forma:

```
void MyPrint(Integer iN)
  if iN >= 0 then
    Print (iN)
    MyPrint (iN - 1)
  end
end
```

Se puede observar que la invocación inicial del procedimiento debe ser $MyPrint(9)$, e irá imprimiendo el valor y luego invocando a la función con $iN - 1$ para realizar el decremento correspondiente. La finalización se determina por la condición $iN \geq 0$.

Supongamos realizar la misma tarea pero esta vez con la secuencia de forma inversa empleando recursión. Por ejemplo para $n = 9$ se desea la secuencia:

0 1 2 3 4 5 6 7 8 9

Analizando un poco la solución de $MyPrint$, es posible intercambiar el orden de las instrucciones dentro del condicional tal que una vez invocado el último procedimiento, la siguiente instrucción sea imprimir el número. Esta operación se realiza de forma correcta gracias a que la recursión en sí misma crea los ambientes de ejecución donde el parámetro contiene el valor de $iN - 1$ invocado por el ambiente anterior. Así, la función queda como:

```
void MyPrint(Integer iN)
  if iNn >= 0 then
    MyPrint (iN - 1)
    Print (iN)
  end
end
```

Nótese que cuando el parámetro sea $iN = 0$, se creará un nuevo ambiente recursivo donde el nuevo parámetro es $iN = -1$. En dicho ambiente, la condición será *false* y no se ejecutará instrucción alguna, volviendo a la siguiente instrucción del punto de invocación cuando $iN = 0$. La siguiente instrucción es $Print(iN)$ y así la secuencia se mostrará desde 0 a 9.

6.1.1 Potenciación

La operación de potencia consiste en elevar el número x a y (i.e. x^y). Llamando a la función potencia Pow que recibe dos parámetros que corresponden a la base y el exponente, se tiene que:
Pow $(2, 4) = 16$
Pow $(3, 4) = 81$

Pensando en una versión iterativa de Pow, podemos escribirla como:

```
function Pow (Integer iBase, iExp) : Integer
  if iExp == 0 then
    return 1
  end
  Integer iResult = iBase
  for Integer iI = 2 to iExp do
    iResult = iResult * iBase
  end
  return iResult
end
```

Para la versión recursiva se debe definir, los parámetros, el caso base y el caso recursivo. Queda claro que los parámetros solo son la base y el exponente:

```
function Pow (Integer iBase, iExp) : Integer
```

Luego, se debe definir el caso base donde se conoce que $x^0 = 1$ y $x^1 = x$. Entonces se puede escribir como:

```
function Pow (Integer iBase, iExp) : Integer
  if iExp == 0 then
    return 1
  elseif iExp == 1 then
    return iBase
```

Ahora para explorar el caso recursivo podemos analizar un poco la secuencia de operaciones que se emplean en el cálculo de la potencia: Pow(2,0) = 1
Pow(2,1) = 2
Pow(2,2) = 2 * Pow(2,1) = 2 * 2 = 4
Pow(2,3) = 2 * Pow(2,2) = 2 * 4 = 8
Pow(2,4) = 2 * Pow(2,3) 2 * 8 = 16
...
Pow(base, exp) = base * power(base, exp-1)

De esta forma, resulta sencillo traducir la fórmula al código para obtener la función Pow:

```
function Pow (Integer iBase, iExp) : Integer
  if iExp == 0 then
    return 1
  elseif iExp == 1 then
    return iBase
  else
    return iBase * Pow(iBase, iExp-1)
  end
end
```

29

6.1.2 Convertir un decimal a binario

Para hacer la conversión de un número de base 10 (decimal) a un número de base 2 (binario), se debe ir dividiendo el número decimal entre 2 y anotar en una columna a la derecha el resto (un 0 si el resultado de la división es par y un 1 si es impar). La lista de ceros y unos leídos de abajo a arriba es el resultado. En la Fig. 7 se muestra un ejemplo aplicado al decimal 19.

Figura 7: Proceso de conversión del número decimal 19 a su representación en binario.

Para construir la función recursiva se debe pensar en los 3 elementos primordiales de la recursión:

1. Caso Base: Cuando no se pueda dividir más el número entre 2

2. Caso Recursivo: Dividir el número siempre entre 2 (*divide and conquer*) y emplear valor de su módulo para formar el número binario

3. Parámetros: Solo requiere el número decimal

De esta forma, podemos escribir el siguiente procedimiento:

```
void ToBinary (Integer iN)
  if iN < 2 then
    Print(iN)
  else
    ToBinary (iN div 2)
  end
  Print(iN mod 2)
end
```

Es importante destacar que es posible modificar el procedimiento tal que permita la conversión de base 10 a base k de forma muy simple.

7 Algoritmos

En la literatura existe un conjunto de algoritmos muy empleados para entender la recursión como los algoritmos de ordenamiento QuickSort y MergeSort. Esta sección pretende complementar dichos algoritmos clásicos con algunos otros muy conocidos también:

7.1 Collatz

La conjetura de Collatz propuesta en 1937 (también conocido como el problema de $3n + 1$) define que dado un número natural n si es par, se divide entre 2 para obtener $\frac{n}{2}$, si es impar se multiplica por 3 y se suma 1, $3 \times n + 1$. Este proceso se repite indefinidamente (siempre llegará a 1).

```
void Collatz (Integer iN)
  Print (iN)
  if iN > 1 then
    if iN mod 2 == 0 then
      Collatz (iN div 2)
    else
      Collatz (3*iN + 1)
    end
  end
end
```

7.2 Búsqueda Binaria

La búsqueda binaria busca un valor en una secuencia de elementos ordenados. La búsqueda binaria reduce un problema de tamaño n a tamaño $\frac{n}{2}$ en cada iteración.

```
function BinarySearchR (ref Array aValues of Integer[], Integer iNumber, iFirst, iLast) : ↩
    Integer
  if iFirst > iLast then
    return −1
  end
  Integer iMiddle = (iFirst + iLast) div 2
  if aValues[iMiddle] == iNumber then
    return iMiddle
  end
  if aValues[iMiddle] < iNumber then
    BinarySearchR (ref aValues, iNumber, iMiddle + 1, iLast)
  end
  return BinarySearchR (ref aValues, iNumber, iFirst, iMiddle − 1)
end
```

7.3 Hanoi

Las Torres de Hanoi es un juego inventado en 1883 que consiste en ocho discos de radio creciente que se apilan insertándose en una de las tres estacas de un tablero (ver Fig. 8). El objetivo del juego es crear la pila en otra de las estacas siguiendo tres reglas:

1. Solo se puede mover un disco a la vez

2. No puede haber un disco de mayor tamaño sobre uno de menor tamaño

3. Solo se puede mover un disco que este en el tope de una estaca

```
void Hanoi(Integer iN, iSource, iTarget, iTemp)
  if (iN <= 1) then
    MoveDisk(iSource, iTarget)  //just print "move from iSource to iTarget"
  else
    Hanoi (iN − 1, iSource, iTemp, iTarget)
    MoveDisk(iSource, iTarget)
    Hanoi (iN − 1, iTemp, iTarget, iSource)
  end
end
```

Cuenta la leyenda que en el antiguo templo de Brahma en Benarés se encontraba una cúpula que señalaba el centro del mundo. Bajo la cúpula se encontraba una bandeja sobre la cual existían tres agujas de diamante. Allí colocó Brahma 64 discos de oro en una de las agujas, siendo ordenados

31

Figura 8: Las Torres de Hanoi empleando 5 discos.

por tamaño: el mayor en la base y el menor arriba. Incansablemente, día tras día, los sacerdotes del templo mueven los discos haciéndoles pasar de una aguja a otra, de acuerdo con las leyes fijas e inmutables que dictó Brahma (las 3 reglas). El día en que los 64 discos hayan sido trasladados desde la aguja en que Brahma los puso a una cualquiera de las otras dos agujas, ese día la torre, el templo y el mundo entero desaparecerán. Para ello se requiere $2^{64} - 1$ movimientos, y asumiendo que se emplea un segundo por cada movimiento, se necesitan 585 billones de años (127 veces la edad actual del sol).

7.4 Palíndrome

Un palíndrome es una palabra, una frase, un número o una secuencia de caracteres que se leída de izquierda a derecha o de derecha a izquierda, sean iguales. Por ejemplo las palabras reconocer, ananá, oro, arepera, entre otras son palabras palíndromes. Para el algoritmo determinaremos si una palabra es palíndrome.

```
function IsPalindrome (String sWord, Integer iN) : Boolean
  if iN <= 1 then
    return true
  elseif sWord[1] != sWord[iN] then
    return false
  else
    return IsPalindrome(sWord[2 iN −1], iN−2)
  end
end
if IsPalindrome("Never Odd or Even") then
  Print ("Es Palíndrome")
else
  Print ("No es Palíndrome")
end
```

7.5 Invertir un número

Esta función invierte el valor de un número entero y lo retorna. Emplea dos parámetros donde el primero corresponde al número a invertir y el segundo se emplea durante la recursión para mantener el cálculo parcial del número invertido.

```
function Integer Reverse(Integer iN, iS)
  if iN == 0 then
    return iS
  else
  return Reverse(n div 10, s * 10 + n mod 10)
end
Print (Reverse(5831, 0)) //la salida es 1385
```

8   Ideas Finales

- La recursión ofrece un mecanismo de solucionar problemas aplicando el principio de divide y conquista

- Siempre se edbe garantizar la culminación del algoritmo (no olvidar la convergencia al caso base)

- La recursión puede crear sub-problemas no tan pequeños, así como un número de invocaciones excesivas pudiendo ocasionar un desborde de pila

- Cualquier función recursiva puede ser sustituida por una equivalente iterativa

9   Problemas

1. Construya un algoritmo recursivo que permita hacer la división de dos números empleando restas sucesivas

2. Si existen 2 funciones recursivas que resuelven el problema A, ¿bajo cuáles criterios se selecciona la mejor solución?

3. Un número cumple con la propiedad de Goldbach si se puede escribirse como la suma de dos números primos. Defina una función que determine si un número natural cumple con esta propiedad

4. ¿Qué hace la siguiente función?

```
function McCarthy (Integer iN)
    if (iN > 100) then return iN - 10 end
    else return McCarthy(McCarthy(iN + 11)) end
  end
```

5. Haga una traza y determine que hace la función *Mistery*

```
Integer Mystery (Integer a, int b)  //try using a = 3 and b = 4
  if b == 1 then
  return a
  else
    return a + Mystery (a, b - 1)
  end
end
```

6. Elabore un algoritmo recursivo que determine si existe una suma sucesiva de números igual a k, por ejemplo para el arreglo:

```
Array aArr of Integer [] = {1,2,3,4,5,6}
```

se desea conocer si existe una suma sucesiva para 9. En este caso existe ya que 4+5=9, si se desea la suma de 7, esta es 3+4=7, para la suma de 10, 1+2+3+4=10. Ahora, para la suma de 8 es imposible puesto que el 2 y el 6 no son sucesivos

Parte III
Backtracking

En general, el diseño de un algoritmo que resuelva un problema se puede considerar una tarea difícil. Una forma de facilitar esta tarea es recurrir a técnicas conocidas de diseño de algoritmos basados en esquemas muy generales que pueden adaptarse a un problema particular al detallar las partes generales del esquema. Muchos problemas pueden resolverse buscando una solución fácil y directa pero, a en otras oportunidades no resulta tan sencilla o simplemente es ineficiente. Un esquema de éstos se denomina backtracking el cual permite buscar todas las soluciones posibles de un problema incluyendo la óptima; pero no siempre resulta eficiente en tiempo y espacio.

Estudiaremos los aspectos de este esquema para el diseño de algoritmos.

1 Definiciones

El método del backtracking (también llamado búsqueda atrás o en retroceso) proporciona una manera sistemática de generar todas las posibles soluciones a un problema dentro de un espacio de búsqueda. Es posible definir el backtracking como un algoritmo general para encontrar un conjunto de soluciones a un problema computacional donde se va creando de forma incremental un conjunto de candidatos que formarán parte de una solución final. El algoritmo explora los elementos de un conjunto y selecciona/descarta subconjuntos de candidatos que pertenecen/no-pertenecen a la solución. Entonces dada una solución s:

1. Si s es solución, se hace algo con ella (depende del problema)

2. Se construyen extensiones de s y se invoca recursivamente al algoritmo con todas ellas

La descripción natural del proceso se representa mediante un árbol de búsqueda en el que se muestra como cada tarea se descompone o se ramifica en subtareas. El árbol de búsqueda acaba en hojas donde se encuentran soluciones o donde se concluye que por esa rama no es posible encontrarla.

Este algoritmo debe ser aplicado a problemas donde existan elementos considerados "candidatos parciales de la solución" para permitir realizar verificaciones rápidas si dichos candidatos pertenecen a la solución ó no. No resulta útil para conjuntos no ordenados, donde la exploración es total (explorar todos los candidatos). Entonces, el punto clave de los algoritmos de backtracking es: descartar/seleccionar rápidamente las soluciones inválidas/válidas. Esta es la diferencia principal con los algoritmos de fuerza bruta.

Es importante destacar que un algoritmo de fuerza bruta prueba todas las soluciones sin condición alguna, es decir, todas las posibles combinaciones. Por ejemplo, dado un número b de bits obtener todos los valores posibles que se pueden representar.

En un problema, cuando se elimina la posibilidad de explorar todas las soluciones entonces estamos en presencia de un esquema de backtracking. Para ello, se requiere de una función llamada poda/acotación que permite identificar cuando una solución parcial no conduce a una solución al problema. Del mismo modo, se definen las restricciones asociadas a los problemas que pueden ser explícitas o implícitas. Se refiere a restricción explícita cuando restringe los posibles valores de las variables de forma individual, y explícitas cuando establece relaciones entre diferentes variables que forman una tupla candidato a solución.

2 Técnica de Backtracking

Visto de otro modo, una solución debe expresarse como una n-tupla $(x_1, ..., x_n)$ donde los x_i son elegidos de algún conjunto finito S_i. Usualmente el problema a resolver requiere encontrar un vector que maximice/minimice/satisfaga una función criterio $F(x_1, ..., x_n)$. A veces, se busca todos los vectores que satisfagan F.

En un algoritmo de backtracking con datos de entrada P a resolver se pueden definir cinco funciones: aceptar, rechazar, primero, próximo y solución. Cada uno opera de la siguiente forma:

1. Inicio (P): Retorna el candidato parcial de la raíz del problema con datos P; sirviendo como inicialización

2. Aceptar (P, C): Retorna **true** si el candidato parcial C es una solución de P, y falso en caso contrario

3. Rechazar (P, C): Retorna **true** si un candidato parcial C no debería continuar su exploración ó búsqueda de más candidatos

4. Primero (P, C): Extrae el primer elemento/componente del candidato parcial C llamado s

5. Próximo (P, s): Genera el próximo conjunto de candidatos posterior a s

6. Solución (P, c): El subconjunto $c \in P$ se considera solución.

La llamada inicial del algoritmo se hace como $Backtrack(P, Inicio(P))$, donde Backtrack se puede escribir como:

```
void Backtrack (Set P, C)
  if Rechazar (P, C) then Abortar ( ) end
  if Aceptar (P, C) then Solucion (P, C) end
  Set s = Primero (P, C)
  while not s.EsVacio() do
    Backtrack (P, s)
    s = Proximo (P, s)
  end
end

Backtrack (P, Inicio (P))
```

El backtracking es empleado en diversos ámbitos de la Computación tales como problemas de decisión (soluciones que satisfacen ciertas restricciones) y problemas de optimización (búsqueda de la mejor solución en base a una función objetivo). Cada solución es el resultado de una secuencia de decisiones. En algunos problemas de este tipo se conoce un criterio óptimo de selección en cada decisión (i.e. técnica voraz). En otros problemas se cumple el principio de optimalidad de Bellman y se puede aplicar la técnica de programación dinámica. Existen otros problemas en los que no hay más remedio que buscar en todo el espectro posible de soluciones.

Apliquemos el enfoque de backtracking para conseguir la permutación de una secuencia. Dado un String, se quiere imprimir todas las palabras producto de permutar el String. La permutación es una variación del orden o de disposición de los elementos de un conjunto. Por ejemplo, dada la palabra "zen" las permutaciones posibles están formadas por las palabras "zen", "zne", "ezn", "enz", "nez" y "nze". Es importante destacar que en una permutación debe existir un orden para la construcción de la solución. De forma intuitiva, la solución se puede conseguir al fijar un carácter y mover los otros dos restantes y así para los tres caracteres de la palabra "zen".

Algorítmicamente, dada la palabra inicial se consideran índices que indican "desde cuál posición" se comienza a operar en la palabra y "hasta cuál posición", es decir, los límites inferior y superior. En cada iteración del algoritmo, el límite inferior debe ir variando (ciclo) hasta el límite inferior. Debido a que cada iteración considera un límite inferior distinto, es posible crear un **estado** que representan el valor de las variables en un momento dado. Entonces, para cada estado se aplica la misma estrategia tal que siempre se **fijen** unas posiciones y otras se iteren.

La operación que permitirá el cambio de las letras de la palabra es el procedimiento *swap*. Este recibirá por referencia la palabra a modificar y cuáles son las posiciones a intercambiar. Ahora, para que un estado nuevo obtenga los valores correctos la palabra que ha sido intercambiada debe volver a su estado original (i.e. regresar los cambios). Por ello, se debe emplear nuevamente el procedimiento *swap* luego de haber explorado nuevas soluciones.

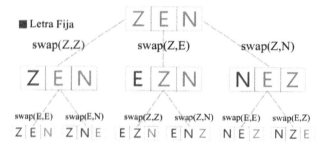

Figura 9: Esquema de ejecución de las permutaciones para la palabra "Zen".

El código asociado a la permutación de los caracteres de un String se puede escribir como:

```
1   void Permute (String strText, Integer iIndex, iLength)
2     if iIndex == iLength then
3       Print (strText)
4     else
5       for Integer iJ = iIndex to iLength do
6         swap (ref strText, iIndex, iJ)
7         Permute (strText, iIndex + 1, iLength)
8         swap (ref strText, iIndex, iJ) //backtrack
9       end
10  end
11
12  String strText = "Zen"
13  Permute(strText, 1, 3)
```

La ejecución del algoritmo se muestra de forma gráfica en la Fig. 9. La idea detrás de la permutación es tener una posición fija de inicio de las iteraciones (línea 5) la cual debe ser empleada en cada invocación recursiva (línea 1). De este modo, desde esa posición en adelante se aplica el intercambio de la palabra inicial *iIndex* con el índice de la iteración (línea 6). Luego, se invoca recursivamente la función pero ahora con un nuevo punto de partida (línea 7) y se ejecuta la misma idea. Posteriormente, el intercambio de letras (línea 6) no debe afectar el estado de ejecución de un estado, regresando el cambio realizado (línea 8). La solución se obtiene cuando el límite inferior alcanza al superior (línea 2), indicando que recorrió todas las posiciones de la palabra.

3 Clasificación

Una solución de backtracking en cada iteración se encontrará en un cierto nivel k, con una solución parcial $C = (x_1, x_2, ..., x_k)$ (con $k \leq n$). Entonces:

- Si puede añadirse un elemento $x_k + 1$ a la solución parcial se avanza al nivel $k + 1$

- Si no se prueban otros valores válidos para x_k

- Si no existe ningún valor que sea válido por probar, se retrocede al nivel anterior $k - 1$.

Así, se continua con este proceso hasta que la solución parcial sea una solución del problema o hasta que no queden más posibilidades por probar (en el caso de que no se encuentre ninguna solución o se busquen todas las soluciones del problema).

De esta forma, es posible clasificar un algoritmo de backtracking de acuerdo al tamaño del subconjunto C solución:

- Una solución: Cuando el algoritmo encuentre una solución, su ejecución finaliza. Generalmente, en este enfoque el algoritmo se queda con la la primera solución que consigue.

- Solución óptima: Cuando el algoritmo explora todos los subconjuntos de soluciones posibles y se queda con la óptima para el problema a resolver.

- Todas las soluciones: El algoritmo colecta todos los subconjuntos encontrados en la exploración y forman parte de la solución (fuerza bruta).

Existen diversos algoritmos clásicos que se resuelven con algoritmos de backtracking: rompecabezas, laberintos, permutaciones, problemas de las 8-reinas, crucigramas, Sudoku, problema de la mochila, problema del agente viajero, entre otros.

En backtracking, la generación de los estados solución o no en la exploración se generan en profundidad, es decir, seleccionando una opción y explorando todas las posibilidades a partir de ese punto. Por otro lado, existen enfoques donde para un estado se generan todos los posibles nuevos estados y antes de explorarlos, se verifican si conducen a una solución (branch & bound).

4 Ejercicios

La forma básica de resolver un problema aplicando backtracking es analizando los casos que son solución al problema y de qué forma se obtiene dicha solución. A continuación estudiaremos algunos casos.

4.1 Suma Parcial

Dado un conjunto de valores enteros se quiere encontrar todos los subconjuntos que entre sus elementos sumen un valor k. Por ejemplo, considerando el conjunto $1, 2, 3$ la idea es encontrar todos los subconjuntos que entre sus elementos sumen $k = 4$. Para este ejemplo, se toma en cuenta el orden de los elementos, es decir, el subconjunto $1, 3$ será distinto de $3, 1$.

Entonces dividiendo el problema en elementos a considerar se tiene:

Alternativa : Valores 1, 2 y 3

Subtarea : Suma acumulativa

Solución : Suma igual a 4

Para hacer un poco de abstracción, se asumen las funciones asociadas a un conjunto para agregar un valor y eliminar un elemento en éste, y la de imprimir sus valores de forma ordenada. El procedimiento que realiza es cálculo se puede escribir como:

```
1   void FindSum(Array A of Integer [], Integer iN, iPartial, iTotal)
2     if iPartial == iTotal then
3       printSet()
4     else
5       for Integer iIndex = 1 to iN do
6         if iPartial + A[iIndex] <= iTotal then
7           addSet(A[iIndex])
8           FindSum(A, iN, iPartial + A[iIndex], iTotal)
9           removeSet()
10        end
11      end
12    end
13  end
14
15  Integer A of Integer [] = {1,2,3}
16  Integer iTotal = 4
17  FindSum(A, 3, 0, iTotal)
```

La idea básica del algoritmo es buscar las sumas parciales de los elementos del arreglo obtenidas de sumar un elemento *actual* con la suma acumulada (línea 9). Si dicha suma parcial es inferior o igual al total buscado entonces se agrega al conjunto solución (línea 10). Ahora, con una nueva suma parcial se invoca de forma recursiva a la función (línea 11) y de conseguir solución (línea 5) se imprime el conjunto. En caso contrario, la invocación hecha retorna al estado anterior y regresa/retorna el valor añadido al conjunto de sumas parciales (línea 12).

Para la invocación inicial del algoritmo (línea 19), se requiere el arreglo inicial A, el tamaño de éste, la suma parcial para el estado inicial (i.e. $iPartial = 0$) y el valor destino que se quiere alcanzar.

4.2   n-Reinas

El problema de las n-reinas consiste en colocar n reinas en un tablero de ajedrez sin que se amenacen unas con otras. En Ciencias de la Computación, el problema con $n = 8$ es un problema combinatorio clásico donde no puede haber dos reinas en una misma fila, columna o diagonal. Así, podemos definir los siguientes aspectos del problema para diseñar la solución:

Representación : n-tuplas $x_1, x_2, x_3, ..., x_k$ donde x_i es la fila donde está la reina de la columna i

Restricciones implícitas : Las componentes $1, 2, ..., n$

Restricciones explícitas : No puede haber 2 reinas en una misma fila/columna/diagonal

Solución : Empezar en la primera columna.
　　　　Si todas las reinas están colocadas entonces return true
　　　　Para cada posibilidad en las filas de una columna
　　　　Si la reina puede ser colocada
　　　　Escoger esta solución y llamar recursivamente con las otras reinas

Si la recursión es exitosa entonces true

Si la recursión no es exitosa entonces probar en otra fila

Si todas las columnas han sido probadas, entonces return false

El algoritmo se puede escribir como:

```
function Solve (Array aBoard of Integer [][] , Integer iN, iCol) : Boolean
    if iCol > iN then
        return true
    end
    for Integer iRowToTry = 1 to iN do
        PlaceQueen(aBoard, iRowToTry, iCol)
        if Solve (aBoard, iN, iCol + 1) then
            return true
        end
        RemoveQueen(aBoard, iRowToTry, iCol)
    end
end
```

Los procedimientos *Place* y *Remove* se emplean para ubicar y quitar una reina de una posición respectivamente. Por otro lado, la función *Solve* verifica que en el tablero estén colocadas las iN reinas sin que se ataquen unas a otras.

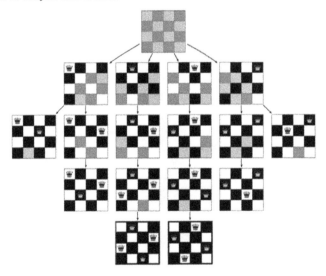

Figura 10: Estados generados para $n = 4$ en el problema de las n-reinas.

Es interesante notar que con 8 reinas, el tamaño del espacio de soluciones es 8^8, es decir, $2^{24} \sim 16M$. Sin embargo, dado que las soluciones posibles son todas las permutaciones del conjunto $1, 2, 3, 4, 5, 6, 7, 8$, el espacio de soluciones se reduce a de 8^8 tuplas a $8! = 40.320$. Para explorar un caso más simple, en la Fig. 10 se observan los estados generados en la ejecución cuando $n = 4$ reinas en el tablero.

4.3 Sudoku

El Sudoku es un juego matemático que consiste en rellenar una cuadrícula de 9×9 celdas (81 casillas) dividida en subcuadrículas de 3×3 con las cifras del 1 al 9 partiendo de algunos números ya dispuestos en algunas de las celdas. Entonces, los números no se deben repetir en una misma fila, columna o subcuadrícula. Cuando existen al menos 17 valores en la cuadrícula entonces la solución es única, en caso contrario, puede tener varias formas de conseguir una solución.

El algoritmo para su resolución se plantea como un backtracking donde se van colocando números válidos del [1..9] hasta que en la cuadrícula no se puedan colocar nuevos números. Así, en cada invocación se busca la casilla disponible y se intenta colocar un número. Dicho número debe cumplir las condiciones de ser único en una fila, columna y subcuadrícula, y si es posible se procede a invocar nuevamente a la misma función con el tablero modificado. En caso de que dicho número colocado en una posición no forme parte de una solución parcial, entonces se libera dicha posición para ser empleado en otra invocación.

Es posible escribir el algoritmo de la siguiente forma:

```
1   function SolveSudoku(Array aGrid of Integer [][], Integer iN) : Boolean
2     Integer iRow, iCol
3     // If there is no unassigned location, we are done
4     if not FindUnassignedLocation(aGrid, ref iRow, ref iCol) then
5       return true // success!
6     end
7     for Integer iNum = 1 to 9 do      // consider digits 1 to 9
8       if isSafe(aGrid, iRow, iCol, iNum) then
9         aGrid[iRow][iCol] = iNum      // make tentative assignment
10        if SolveSudoku(aGrid, iN) then
11          return true
12        end
13        aGrid[iRow][iCol] = UNASSIGNED // failure, unmake & try again
14      end
15    end
16    return false
17  end
18
19  Integer iN = 9
20  Array aGrid of Integer [1..iN][1..iN]
21  FillWithNumbersAndUnassigned(ref aGrid, iN)
22  if SolveSudoku(aGrid, iN) then
23    PrintGrid(aGrid, iN)
24  else
25    Print("No solution for you")
26  end
```

En un inicio, el tablero se inicializa con valores numéricos válidos y casillas libres o sin asignar (línea 20). La función de solución del backtracking se determina cuando no se pueda encontrar casillas libres para colocar un nuevo número (línea 4). En caso de existir una casilla libre se itera sobre el rango [1..9], y de ser posible ubicar un número se coloca en la dicha casilla disponible (línea 9) y se repite el proceso de forma recursiva. Cuando la opción de colocar el número no sea adecuada, se desmarca dicha casilla asignándole el valor $UNASSIGNED$ y sea libre para otro estado del algoritmo (línea 13).

41

5 Algoritmos

Muchos problemas pueden ser resueltos empleando el esquema de backtracking, entre ellos el problema del agente viajero (*travelling salesman problem*), cápsula convexa (*convex hull*), resolución de tableros y laberintos, coloración de grafos y regiones, entre muchos otros.

5.1 Laberinto

El concepto de laberinto básico es dada una posición inicial encontrar la salida en otra posición. Para simplificar un poco, dada una matriz de tamaño $Size_x \times Size_y$ que representa al laberinto, se desea encontrar el conjunto de movimientos a realizar para encontrar la salida en la posición $Size_x$ y $Size_y$, empezando desde la posición $(1, 1)$. Se asume que el laberinto puede tener posiciones libres (por donde se puede pasar) o bloqueadas (paredes).

```
class Back
private :
  Const Integer FREE = 0
  Const Integer VISITED = 1
  Const Integer WALL = 2
  Array m_aMoveX of Integer [] = {-1, +1, 0, 0}
  Array m_aMoveY of Integer [] = {0, 0, -1, +1}
  Array m_aTable of Integer [][]
  Integer m_iSizeX , m_iSizeY
  Set m_sSolution
  void setRandomWalls (Integer iSizeX, iSizeY) //add some walls
  function isValid(Integer iPosX, iPosY) : Boolean
    return iPosX >= 1 and iPosX <= iSizeX and iPosY >= 1 and iPosY <= iSizeY and m_aTable[iPosX↵
      ][iPosY] == FREE
  end
public :
  Constructor Back(Integer iSizeX, iSizeY)
    m_iSizeX = iSizeX
    m_iSizeY = iSizeY
    m_aTable = new Integer[1..m_iSizeX][1..m_iSizeY]
    m_sSolution = {}
    for Integer iY to m_iSizeY do
      for Integer iX to m_iSizeX do
        m_aTable[iX][iY] = FREE
      end
    end
    setRandomWalls(iSizeX, iSizeY)
  end

  void Labyrinth (Integer iStepX, iStepY)
    Boolean bSolution = false
    if iStepX == iSizeX and iStepY == iSizeY then
      bSolution = true
      PrintSet ()
    end
    m_aTable[iStepX][iStepY] = VISITED
    Integer iDirection = 1
    while not bSolution and iDirection <= 4 do
      if isValid(iStepX + m_aMoveX[iDirection], iStepY + m_aMoveY[iDirection]) then
        addSet(iStepX + m_aMoveX[iDirection], iStepY + m_aMoveY[iDirection])
        Labyrinth (iStepX + m_aMoveX[iDirection], iStepY + m_aMoveY[iDirection])
        removeSet(iStepX + m_aMoveX[iDirection], iStepY + m_aMoveY[iDirection])
      end
      iDirection = iDirection + 1
    end
  end
end
```

5.2 Problema de la Mochila

El problema de la mochila o *Knapsack* consiste en llenar una mochila con una serie de objetos asociados a una serie de pesos con un valor asociado. Es decir, se dispone de iN tipos de objetos y que no hay un número limitado de cada tipo de objeto (si fuera limitado no cambia mucho el problema). Cada tipo i de objeto tiene un peso $aWeight[i]$ positivo y un valor $aValue[i]$ positivo asociados.

La mochila tiene una capacidad de peso igual a $iCapacity$. Se trata de llenar la mochila de tal manera que se maximice el valor de los objetos incluidos pero respetando al mismo tiempo la restricción de capacidad.

```
Array aWeight of Integer [] = {2, 3, 4, 5}
Array aValue of Integer [] = {3, 5, 6, 10}
Integer iN = 4

void Knapsack (Integer iStart, iCapacity, iSolution, ref iOptimal)
  for Integer iK = iStart to iN do
    if aWeight[iK] <= iCapacity then
      Knapsack (iK, iCapacity - aWeight[k], iSolution + aValue[iK], iOptimal)
      if iSolution + aValue[k] > iOptimal then
        iOptimal = iSolution + aValue[k]
      end
    end
  end
end

Integer iCapacity = 8, iOptimal = 0
Knapsack (1, iCapacity, 0, ref iOptimal)
Print (iOptimal)
```

6 Ideas Finales

- El backtracking es un método sistemático que realiza una búsqueda exhaustiva de las soluciones, pero esta búsqueda no es caótica, sino organizada

- Esta permite obtener una o todas las soluciones factibles o bien la solución óptima entre todas las factibles

- La técnica del backtracking se puede implementar como una versión iterativa empleando estructuras de datos para almacenar los estados candidatos a solución

- El costo de aplicar una solución de backtracking es proporcional al número de estados que se generan en las invocaciones recursivas

7 Problemas

1. Dado un número entero n se desea obtener todas las posibles formas de expresarlo como sumas de los enteros $1...n$, permitiendo que el mismo sumando aparezca varias veces. Se considerarán iguales (y por lo tanto sólo se debe escribir una de ellas) aquellas soluciones que contengan los mismos sumandos pero ordenados de otra manera. Por ejemplo, si $n = 4$, se deberían escribir las soluciones $4 = 1 + 1 + 1 + 1$, $4 = 2 + 1 + 1$, $4 = 2 + 2$, $4 = 3 + 1$, $4 = 4$.

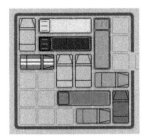

Figura 11: Un estado del juego *Rush Hour*.

Crear un algoritmo que resuelva el problema. No es relevante el orden en que aparecen las soluciones ni el orden de los sumandos dentro de cada solución

2. En criptografía, un ataque de fuerza bruta es la forma de recuperar una clave probando todas las combinaciones posibles hasta encontrar el acceso a un sistema. Implemente una función *Hacking* que obtenga la clave de un usuario conociendo que está tiene un mínimo de 5 y máximo 12 caracteres alfanuméricos

3. En un colegio, se tienen k botellas de plástico que van a ser reusadas. Las botellas tienen distinto largo t_i, el objetivo es juntar/pegar las botellas unas con otras por sus extremos para construir árboles de navidad, aviones, barcos, edificios, y otras estructuras para la educación. Cada estructura es de largo L y debe emplear la mayor cantidad de botellas para ser reusadas, construya el algoritmo que resuelva el algoritmo para el problema

4. Dado un conjunto de canciones $c_1, c_2, ..., c_k$ que ocupan $m_1, m_2, ..., m_k$ espacio respectivamente, se desea construir una solución que permita maximizar el número de canciones almacenadas en un dispositivo externo de capacidad M

5. Proponga un esquema que resuelva el conocido cubo de Rubik. ¿Cuáles alternativas se deben considerar en su resolución?

6. *Rush Hour* es un rompecabezas de bloque con deslizamientos creado en 1970. En su versión original, consiste en un tablero de 6×6 donde se ubican una serie de carros y camiones (los carros ocupan 2 posiciones y los camiones 3 posiciones). La idea del juego es sacar todos los autos por la salida deslizando los autos colocados en el tablero. Construya un algoritmo que resuelva el problema en el menor número de deslizamientos en el tablero.

Parte IV
Complejidad en Tiempo

Se conoce ya que un algoritmo es una secuencia finita de instrucciones, cada una de las cuales tiene un significado preciso y puede ejecutarse con una cantidad finita de esfuerzo en un tiempo finito. Así, un programa es un algoritmo expresado en un lenguaje de programación específico. Entonces, pueden existir diversos programas para resolver un mismo problema.

Tener un mecanismo que permita seleccionar qué programa es "mejor" que otro sería ideal para lograr los resultados adecuados. Entre dichos mecanismos están los criterios de evaluación de un programa como la eficiencia, portabilidad, legibilidad, eficacia, robustez, entre otros. En esta sección, nos enfocaremos en solo el criterio relacionado con la eficiencia del programa para el análisis de la complejidad de un programa (uso de recursos del computador).

1 Definiciones

El análisis de algoritmos provee estimaciones teóricas para los recursos que necesita cualquier algoritmo y se basan en criterios como: eficiencia, portabilidad, eficacia y robustez. El análisis de complejidad está relacionado con la eficiencia del programa. La eficiencia mide el uso de los recursos del computador por un algoritmo tal como el tiempo de cálculo para ejecutar las operaciones (complejidad en tiempo) y el espacio de memoria para contener y manipular el programa más los datos (complejidad en espacio). Así, el objetivo del análisis de complejidad es cuantificar las medidas físicas en tiempo de ejecución y espacio de memoria para comparar distintos algoritmos que resuelven un mismo problema.

El tiempo de ejecución depende de diversos factores como:

- Los datos de entrada del programa

- La calidad del código objeto generado por el compilador

- La naturaleza y rapidez de las instrucciones de máquina utilizadas

- La complejidad en tiempo del algoritmo base del programa

Hay dos estudios posibles sobre el tiempo de ejecución:

1. Un estudio que proporciona una medida teórica (a priori), que consiste en obtener una función que acote (por arriba o por abajo) el tiempo de ejecución del algoritmo para unos valores de entrada dados

2. Un estudio que ofrece una medida real (*a posteriori*), consistente en medir el tiempo de ejecución del algoritmo para unos valores de entrada dados y en un ordenador específico.

Ambas medidas son importantes: la primera ofrece estimaciones del comportamiento de los algoritmos de forma independiente del computador en donde serán implementados y sin necesidad de ejecutarlos, y la segunda representa las medidas reales del comportamiento del algoritmo.

Dado que la unidad de tiempo a la que debe hacer referencia estos estudios no puede ser expresada en segundos o en otra unidad de tiempo concreta, pues no existe un computador estándar/ideal al que pueda hacer referencia todas las medidas, se denota por $T(n)$ el tiempo de ejecución de un algoritmo para una entrada de tamaño n.

En un análisis teórico de algoritmos, es común calcular su complejidad en un sentido asintótico, es decir, para un tamaño de entrada n suficientemente grande, $T(n)$. Teóricamente $T(n)$ debe indicar el número de instrucciones ejecutadas por un ordenador "ideal". La notación "O grande" (*Big O*) es una notación para expresar esto. Por ello, estudiar la complejidad del peor caso, mejor caso, y caso promedio resulta importante en las Ciencias de la Computación:

1. Peor caso: Consiste Resulta tomar el máximo tiempo en que se ejecuta el algoritmo, entre todas las instancias posibles

2. Mejor caso: Viene dado por el menor tiempo en que se ejecuta el algoritmo

3. Caso promedio: Es la esperanza matemática del tiempo de ejecución del algoritmo para entradas de tamaño n

2 Operaciones Elementales

El tiempo $T(n)$ que se mide para un algoritmo, se mide por el número de operaciones elementales que este realiza. Una operación elemental son aquellas que pueden ser acotadas por una constante tales como operaciones aritméticas básicas, asignaciones a variables, invocaciones a unidades de programas, retorno de ellas, etc. Todas estas se pueden contabilizar como una (1) operación elemental. Entonces, el tiempo de ejecución de un algoritmo va a ser una función que mide el número de operaciones elementales que realiza un algoritmo para un tamaño de entrada n.

Para un estudio del tiempo de ejecución de un algoritmo en el mejor caso, peor caso y caso promedio veamos un ejemplo concreto. Primero se muestra unas definiciones e inicialización:

```
Const Integer N = ... //número máximo de elementos de un arreglo
Array aValues of Integer [1..N]
fillOrdered(ref aValues, N) //asigna valores de forma ascendente, i.e. 1,2,3,5,6,9,12, ...
```

El algoritmo:

```
1   void Search(ref Array A of Integer [], Integer n, iC) //se intenta buscar iC en el arreglo
2      Integer iJ = 1
3      while (A[iJ] < iC and iJ < n) do
4         j = j + 1
5      end
6      if A[iJ] == iC then
7         return iJ
8      else
9         return 0
10     end
11  end
```

Nótese que el algoritmo no es la mejor forma para encontrar un elemento en un arreglo ordenado, pero permite ilustrar el número de operaciones elementales que forman la función $T(n)$. Entonces, primero se calcula las operaciones elementales de cada instrucción de la función Search:

Línea 1: No se considera como operación elemental. Igual aplica para las líneas 5, 8, 10 y 11.

Línea 2: Se ejecuta 1 operación elemental de asignación.

Línea 3: Se ejecuta la condición del while que consta de 2 comparaciones, un acceso al arreglo y un and, para un total de 4 operaciones elementales.

Línea 4: Se ejecutan 2 operaciones elementales, una asignación y un incremento.

Línea 6: Se ejecuta un acceso al arreglo y una comparación, para un total de 2 operaciones elementales.

Línea 7: Se ejecuta 1 operación elemental por el return, cuando la condición es true.

Línea 9: Se ejecuta 1 operación elemental por el return, cuando la condición es falsa.

En el **mejor caso**, se ejecuta la línea 2 (1 operación) y solo la primera parte de la condición de la línea 3 (2 operaciones), es decir, la expresión $A[iJ] < iC$ es falsa y se deja de evaluar la condición completa. Para ello, se asume que el operador and es del tipo cortocircuito[4]. Luego, se ejecuta la línea 6 (2 operaciones) y la línea 7 o 9 (1 operación cada una). Como resultado se tiene que la función $T(n)$ es $T(n) = 1 + 2 + 2 + 1 = 6$.

En el **peor caso**, se ejecuta la línea 2 y la línea 3 se ejecuta $n - 1$ veces hasta que se cumpla la segunda parte de la condición. Después se ejecuta la condición de la línea 6 y termina la ejecución con la línea 9. Cada iteración del while está compuesta por las líneas 3 y 4 y una ejecución adicional de la línea 3 que es la salida del ciclo. De esta forma, se tiene a la función $T(n)$ como:

$$T(n) = 1 + ((\sum_{k=1}^{n-1} (4+2)) + 4) + 2 + 1 = 6n + 2$$

En el **caso promedio**, el ciclo se ejecuta un número de veces k, donde $0 < k < n - 1$. Asumiendo que para cada número k existe una misma probabilidad de suceder, entonces existen n posibilidades (puede que el número no este en el arreglo) y se supone que son equiprobables teniendo una probabilidad asociada a $1/n$. Así, el número promedio de veces que se efectuará el while es:

$$\sum_{k=0}^{n-1} i\frac{1}{n} = \frac{n-1}{2}$$

Como resultado se tiene que la función $T(n)$ es:

$$T(n) = 1 + ((\sum_{k=1}^{(n-1)/2} (4+2)) + 2) + 2 + 1 = 3n + 3$$

Por defecto se toma el tiempo del peor caso como medida de complejidad $T(n)$ del algoritmo. Por ejemplo, una búsqueda binaria se dice que se ejecuta en un número de pasos proporcional al logaritmo de la longitud de la estructura de datos de la búsqueda, o en $O(log(n))$, dicho coloquialmente como tiempo logarítmico. Es importante destacar que éstos análisis se realizan en una máquina hipotética/ideal.

En la sección 4 se presenta una guía para el cálculo del número de operaciones elementales, función $T(n)$ para sentencias de un algoritmo.

---

[4]La expresión lógica deja de ser evaluada en el momento que se conoce su valor aunque no hayan sido evaluados todos sus términos.

2.1 Tasas de crecimiento más comunes

A continuación se describen las funciones más empleadas cuando se calcula la complejidad de algoritmos (ubicadas de forma creciente):

$$1 < log_n < n < n \cdot log_n < n^2 < n^k < ... < 2^n < e^n < k^n < ... < n^n < n! < ...$$

donde k es una constante y $k > 2$.

A continuación, con el propósito del cálculo del tiempo $T(n)$ de ejecución de un algoritmo la idea es clasificar dichas funciones de forma tal que se puedan comparar. Para ello, se definen clases de equivalencia basadas en notaciones asintóticas para el cálculo en notación "O".

3 Notaciones Asintóticas

Las notaciones asintóticas proporcionan criterios con el fin de agrupar distintas funciones dentro de una misma categoría, sirviendo como herramientas para el cálculo de la complejidad de un algoritmo.

Definición #1 Sean f y g dos funciones definidas como un subconjunto de los números reales, $f, g : \mathbb{N} \to \mathbb{R}^+ - \{0\}$, se dice que:

$f(x) = O(g(x))$ con $x \in \infty$

f es de orden g si y solo si existe una constante positiva $c \in \mathbb{R}^+$ y $n_0 \in \mathbb{N}$ tal que $\forall n > n_0$ se cumpla que $f(n) < c.g(n)$. La relación O denota una dominancia de funciones en donde la función f está acotada superiormente por un múltiplo de la función g. Entonces, la expresión $f = O(g)$ refleja que el orden de crecimiento asintótico de la función f es inferior o igual al de la función g. Por ejemplo, tomando $c = 5$ y $n_0 = 0$ con $f(n) = 3n^3 + 2n$ se dice que $g(n) = n^3$ acota a $f(n)$ con dichos valores.

Este definición refleja el hecho de que el crecimiento asintótico de las funciones f es como mucho proporcional al de la función g. Dicho de otra forma, la tasa de crecimiento de la función g es una cota superior para las tasas de crecimiento de las funciones f.

Algunas propiedades derivadas de la definición anterior se describen a continuación:

- Si $c \in \mathbb{R}$ y $f : \mathbb{N} \to \mathbb{R}^+\{0\}$, entonces $c.f = O(f)$

- Si $c \in \mathbb{R}$ y $f : \mathbb{N} \to \mathbb{R}^+\{0\}$, entonces $O(c.f) \equiv O(f)$

- Si $f_1 = O(g_1) \wedge f_2 = O(g_2)$, entonces $f_1 + f_2 = O(g_1 + g_2)$

- Si $f_1 = O(g_1) \wedge f_2 = O(g_2)$, entonces $f_1 \cdot f_2 = O(g_1 \cdot g_2)$

- Si $f_1 = O(g) \wedge f_2 = O(g)$, entonces $f_1 + f_2 = O(g)$

Definición #2 Sean f y g dos funciones definidas como un subconjunto de los números reales, , $f, g : \mathbb{N} \to \mathbb{R}^+ - \{0\}$, se dice que f y g tienen igual orden de crecimiento $f = \Theta(g)$ si y solo si existe $c, d \in \mathbb{R}^+$ y $n_0 \in \mathbb{N}$ tal que $\forall n > n_0$ se cumpla $d.g(n) \leq f(n) \leq c.g(n)$. Nótese que Θ es una relación de orden total (reflexiva, transitiva y simétrica) y que $\Theta(g)$ permite acotar a f inferior y superiormente.

Propiedades

Además, Θ satisface las siguientes propiedades:

- $f.g : \mathbb{N} \to \mathbb{R}^+ - \{0\}, f = \Theta(g) \Leftrightarrow f = O(g) \wedge g = O(f)$

- Si $c \in \mathbb{R}^+$ y $f : \mathbb{N} \to \mathbb{R}^+ - \{0\}$, entonces $c \cdot f = \Theta(f)$

- Si $c \in \mathbb{R}^+$ y $f : \mathbb{N} \to \mathbb{R}^+ - \{0\}$, entonces $\Theta(c \cdot f) = \Theta(f)$

- Si $f_1 = \Theta(g_1) \wedge f_2 = \Theta(g_2)$, entonces $f_1 + f_2 = \Theta(Max\{g_1, g_2\})$

- Si $f_1 = \Theta(g_1) \wedge f_2 = \Theta(g_2)$, entonces $f_1 \cdot f_2 = \Theta(g_1 \cdot g_2)$

- Si $f_1 = \Theta(g) \wedge f_2 = \Theta(g)$, entonces $f_1 + f_2 = \Theta(g)$

- $(f + g)^k = \Theta(f^k + g^k)$

Dada las definiciones explicadas anteriormente, es posible definir que la complejidad $T(n)$ de un algoritmo es de $O(f(n))$ si $T, f : \mathbb{N} \to \mathbb{R}^+ - \{0\}$ y $\exists c \in \mathbb{R}^+$ y $n_0 \in \mathbb{N}$ tal que $\forall n > n_0$ se cumpla que $T(n) \leq c \cdot f(n)$.

Esto permite definir el análisis de complejidad de algoritmos para:

- Determinar el comportamiento de un algoritmo en función del tamaño del problema

- Determinar el incremento del cómputo al incrementar el tamaño

- Facilitar la comparación entre algoritmos

4 Análisis de Complejidad

Para analizar la complejidad $T(n)$ de un algoritmo y determinar que es de complejidad $O(f(n))$ se estudian una serie de reglas que permitirán aplicar las propiedades explicadas en la definición #1 y #2.

4.1 Regla de la Suma

Para cada instrucción de ejecución de un programa I_i, es posible asociarle la complejidad $T_i(n)$, así:

$T_1(n)$ para ejecutar la instrucción I_1
$T_2(n)$ para ejecutar la instrucción I_2
$\ldots$
$T_k(n)$ para ejecutar la instrucción I_k

con $T_1(n) = O(f(n))$ y $T_2(n) = O(g(n))$

Entonces, la complejidad de la secuencia:

```
1   I1;
2   I2;
3   ...
4   Ik;
```

se escribe como $T_1(n) + T_2(n) = O(Max\{f(n), g(n)\})$. Donde la función Max se asocia a clasificar una función de acuerdo a su tasa de crecimiento (ver la sección 2.1).

4.2 Regla del Producto

La regla del producto define que:

$T_1(n) = O(f(n)) \wedge T_2(n) = O(g(n)) \Rightarrow T_1(n) \cdot T_2(n) = O(f(n) \cdot g(n))$

Del mismo modo, se definen las siguientes reglas:

- $T(n) = c \Rightarrow T(n) = O(1)$

- $T(n) = c + f(n) \Rightarrow T(n) = O(f(n))$

- $T(n) = c \cdot f(n) + d \Rightarrow T(n) = O(f(n))$

- $T_1(n) = O(n^k) \wedge T_2(n) = O(n^{k+1}) \Rightarrow T_1(n) + T_2(n) = O(n^{k+1})$

- $T(n) = c \cdot n^d \Rightarrow T(n) = O(n^d)$

- $T(n) = P_k(n) \Rightarrow T(n) = O(n^k)$

- $T_1(n) = Ln(n) \wedge T_2(n) = n^k \wedge k > 1 \Rightarrow T_1(n) + T_2(n) = O(n^k)$

- $T_1(n) = r^n \wedge T_2(n) = P_k(n) \wedge r > 1 \Rightarrow T_1(n) + T_2(n) = O(r^n)$

5 Complejidad de Algoritmos Iterativos

A continuación se presentan una serie de reglas aplicadas al cálculo de instrucciones en un algoritmo.

Regla 1: La función T(n) de una instrucción de asignación simple es una constante c, así su complejidad en tiempo es $O(1)$. Se asumirá que las operaciones aritméticas simples empleando la sintaxis del lenguaje por sí solas no implican tiempo (en algunas ocasiones se pueden tomar en cuenta en el cálculo).

Regla 2: La función $T(n)$ de una operación de entrada/salida es una constante c, así su complejidad en tiempo es $O(1)$. Esta misma regla aplica para operación de lectura/escritura de memoria.

Regla 3: Una secuencia de k instrucciones cualesquiera $I_1, I_2, \ldots, I_k$ con $T_i(n) = O(f_i(n))$, la complejidad total viene dada por:

$$\sum_{i=1}^{k} T_i(n) = O(Max\{f_1(n), f_2(n), \ldots, f_k(n)\})$$

Regla 4: Dada la estructura de control (if-then-else):

```
1  if <condición> then   //{T1(n) = O(f(n))}
2    <instrucciones 1>    //{T2(n) = O(g(n))}
3  else
4    <instrucciones 2>    //{T3(n) = O(h(n))}
5  end
```

Su función $T(n)$ se calcula como $T(n) = T_1(n) + Max\{T_2(n), T_3(n)\}$ de esta forma su complejidad es $O(Max\{f(n), Max\{g(n), h(n)\}\}) = O(Max\{f(n), g(n), h(n)\})$.

Regla 5: La función $T(n)$ de una sentencia select donde:

```
1  select
2  <condicion 1>: <instrucciones 1>    //T1(n) = O(f1(n))
3  <condicion 2>: <instrucciones 2>    //T2(n) = O(f2(n))
4  ...
5  <condicion k>: <instrucciones k>    //Tk(n) = O(fk(n))
6  end
```

Se puede escribir como $T(n) = Max\{T_1(n), T_2(n), \ldots, T_k(n)\}$ considerando que $T_i(n)$ incluye el cálculo de la evaluación de la condición.

Regla 6: Dada la estructura de un ciclo while:

```
1  while <condición> do    //{T1(n) = O(f(n))}
2    <instrucciones>       //{T2(n) = O(g(n))}
3  end
```

La función $T(n)$ para un ciclo while se puede escribir como:

$$T(n) = T_1(n) + \sum_{k=1}^{n-1} (T_1(n) + T_2(n))$$

Es importante tomar en cuenta que tanto $T_1(n)$ como $T_2(n)$ pueden variar en cada iteración, y por tanto se debe de tomar en cuenta para su cálculo.

Las otras sentencias iterativas (for, do-while, foreach) se pueden representar como un ciclo while. Por ejemplo, el do-while sería:

$$T(n) = \sum_{k=1}^{n} (T_1(n) + T_2(n))$$

Para el caso del ciclo for:

```
1  //de forma original
2  for Integer iI = <inicio> to <final> do
3    <instrucciones>
4  end
5  //re-escrito como
6  Integer iI = <inicio>   //{T1(n) = O(f(n))}
7  while iI <= <final> do   //{T2(n) = O(g(n))}
8    <instrucciones>        //{T3(n) = O(h(n))}
9    iI = iI + <step>       //{T4(n) = O(i(n))}
10 end
```

La función $T(n)$, de forma detallada, es:

$$T(n) = T_1(n) + T_2(n) + \sum_{k=1}^{<final>-<inicio>} (T_2(n) + T_3(n) + T_4(n))$$

Por su parte, el ciclo foreach se comporta igual que el ciclo for con la diferencia que las variables $<inicio>$ y $<final>$ corresponden al rango válido de una colección (i.e. arreglo).

Regla 7: El tiempo de ejecución de una unidad invocable con parámetros $U(P_1, P_2, \ldots, P_k)$ es el tiempo de la invocación de U (1) más el tiempo de evaluación de sus parámetros junto con el tiempo de ejecución del cuerpo de U. Así, $T(n) = 1 + T(P_1) + T(P_2) + \ldots + T(P_k) + T(U)$. No se toma en cuenta la copia de los valores de los parámetros a la pila de ejecución. Para funciones recursivas se generan ecuaciones de recurrencia.

6 Ejercicios

A continuación se presenta un serie de ejercicios prácticos acompañados de una breve explicación del cálculo de la complejidad de éstos.

6.1 Búsqueda Lineal

El algoritmo de búsqueda lineal consiste en encontrar un valor dentro de un arreglo de valores de dicho tipo. La idea es recorrer desde un extremo del arreglo al otro.

```
1   Const Integer N = ...
2   Const Integer NOT_FOUND = ...
3   Array aArr of Integer [1..N]
4   function LinearSearch(Array aA of Integer [], Integer iN, iX) //iX es el elemento a buscar
5     for Integer iK = 1 to iN do
6       if aA[iK] == iX then
7         return iK
8     end
9     return NOT_FOUND
10  end
11  //inicialización de aArr con valores
12  //asignación del valor a buscar en el arreglo y almacenarlo en iX
13  LinearSearch(aArr, N, iX)
```

La línea 11 realiza la invocación a la función LinearSearch la cual implica un tiempo de ejecución a calcular. Según la Regla 7, el tiempo de la invocación a LinearSearch es:

$$T(n) = 1 + T(aA) + T(iN) + T(iX) + T(LinearSearch)$$

Dado que los parámetros no son alguna expresión que requiera un cómputo, se asumirá su tiempo es 1, entonces:

$$T(n) = 4 + T(LinearSearch)$$

Queda calcular el tiempo de la función LinearSearch para determinar el $T(n)$ de la invocación. A partir de este punto **solamente** se considera para el cálculo de la complejidad de un algoritmo, las instrucciones de dicho algoritmo. Así, cuando se refiera a $T(n)$ será solamente para el conjunto de instrucciones o cuerpo de la función.

Ahora, el primer paso consiste en calcular la cantidad de operaciones elementales de cada i-ésima instrucción para obtener su $T_i(n)$. Particularmente, el tiempo de la unidad invocable es $T(n) = T(CicloFor) + T(Return - Linea9) = T(CicloFor) + 1$. Obteniendo el cálculo del ciclo for, asumiendo que $iN = n$:

$$T(CicloFor) = 1 + 1 + \sum_{k=1}^{n-1} (1 + T(Lineas6 - 7) + 1))$$

52

$$\begin{aligned}
&= 2 + \sum_{k=1}^{n-1} 1 + (2+1) + 1 \\
&= 2 + 5(n-1) \\
&= 2 + 5n - 5 \\
&= 5n - 3
\end{aligned}$$

Entonces la cantidad de operaciones elementales de la unidad invocable es $T(n) = 5n - 2$. El próximo paso consiste en aplicar las reglas explicadas en la sección 4 para determinar la complejidad del algoritmo. Se puede identificar a la constante 5 que multiplica a n como c_1 y a la constante -2 como c_2, $T(n) = c_1 n + c_2$:

$$T(n) = c_1 n + c_2 \Rightarrow O(c_1 n) = O(n)$$

En el caso de LinearSearch, el mejor caso es cuando el elemento iX se encuentra en la primera posición del arreglo, entonces $T(n) = c_1 \Rightarrow O(1)$. El caso promedio es $T(n) = c_1 \frac{n}{2} + c_2 \Rightarrow O(\frac{n}{2})$ y el peor caso (calculado previamente) es de $O(n)$.

6.2 Búsqueda Binaria

El algoritmo de búsqueda binaria consiste en encontrar un valor dentro de un arreglo ordenado de valores de dicho tipo. La idea es buscar la posición central del espacio de búsqueda e ir comparando su valor dado que los valores están ordenados, si es mayor se busca en la mitad superior, si es menor en la mitad inferior.

```
1    Const Integer N = ...
2    Const Integer NOT_FOUND = ...
3    Array aArr of Integer [1..N]
4    function BinarySearch(Array aA of Integer [], Integer iN, iX) //iX es el elemento a buscar
5       Integer iI = 1
6       while iI <= iN do
7          Integer iHalf = (i + iN) div 2
8          if iX == aA[iHalf] then
9             return iHalf
10         elseif iX > aA[iHalf] then
11            iI = iHalf
12         else
13            iN = iHalf
14      end
15      return NOT_FOUND
16   end
17   //inicialización de aArr con valores
18   //asignación del valor a buscar en el arreglo y almacenarlo en iX
19   Print(BinarySearch(aArr, N, iX))
```

Tal como se menciono anteriormente, solo se tomará en cuenta el cuerpo de la función sin tomar en cuenta los parámetros de éste. Así, la función $T(n)$ de BinarySearch queda como:

$$T(n) = 1 + T(while) + T(Return - Linea15)$$

El primer valor corresponde a la instrucción de la línea 5, $T(while)$ al ciclo que va desde la línea 6-14 y la instrucción de return de la línea 15, teniendo $T(n) = T(while) + 2$. Asumiremos nuevamente que $n = iN$ para los cálculos.

A diferencia que el caso anterior, el ciclo corresponde a un while donde los incrementos no son constante y varían en el transcurso del algoritmo. La condición $iI \leq iN$ (línea 6) es quien regula el número de iteraciones. Así, es importante estudiar el comportamiento del número de iteraciones del ciclo (representado como k). En este caso, la variable iI toma el valor de 1 y finaliza en iN y durante su ejecución tanto iI como iN se modifican por el valor de $iHalf$, donde $iHalf$ es el punto medio entre dichos valores.

Dado que siempre se considera el peor caso, entonces se asume que el valor buscado siempre es mayor que cualquier elemento del arreglo y no se encuentra. Inicialmente $iI = 1$, $iN = n$ y $iHalf = \frac{n+iI}{2}$ y mostrando el número de iteraciones k se observa:

k	iI	iN
0	1	n
1	$\frac{n}{2}$	n
2	$\frac{n}{2} + \frac{n}{2}$	n
3	$\frac{n}{2} + \frac{n}{2} + \frac{n}{8}$	n
4	$\frac{n}{2} + \frac{n}{2} + \frac{n}{8} + \frac{n}{16}$	n
...	...	...
$log_2 n$	n	n

Realmente es indistinto si se modifica siempre el valor de iI o iN, solo es importante el valor de k de veces que se ejecuta. El número de veces se puede representar por la función log_2 basado en la entrada n. Entonces, dicho valor de k será el número de veces que se ejecute el ciclo while.

Volviendo al cálculo de $T(while)$ queda entonces:

$$T(while) = 1 + \sum_{k=1}^{log_2 n} 1 + T(Linea7) + T(if/elseif)$$

Para $T(Linea7)$ se tiene una operación de suma, una división entera y una asignación. Es posible considerar el tiempo como 3, sin embargo según la regla 1 (ver 5) será $T(Linea7) = 1$ quedando por calcular $T(if/elseif)$ de las líneas 8 -14. Dado que $T(if/elseif) = Max2, 2, 1 = 2$ entonces $T(whiles)$ es:

$$T(while) = 1 + \sum_{k=1}^{log_2 n} 1 + 1 + 2$$
$$= 1 + \sum_{k=1}^{log_2 n} 5$$
$$= 2 + 5log_2 n$$

Si se emplea constantes para definir cada valor se tiene que $T(while) = c_1 + c_2 log_2 n$ y para $T(n) = T(n) = T(while) + c_3$:

$$T(n) = c_1 + c_2 log_2 n + c_3 \Rightarrow O(c_2 log_2 n) = O(log_2 n)$$

6.3 Bubble Sort

El algoritmo de Bubble Sort es un algoritmo de ordenamiento que consiste en revisar cada elemento de un arreglo con el siguiente, intercambiándolos de posición si están en el orden equivocado. Este proceso se realiza varias veces hasta que no se necesiten más intercambios (ya estaría ordenado).

Muchas veces, resulta más sencillo estudiar la complejidad de un algoritmo examinando su estructura y luego, de forma conveniente, obtener los $T(n)$ de cada fragmento de código. Este ejemplo permite explorar este estilo:

```
1    Const Integer N = ...
2    Array aArr of Integer [1..N]
3    void BubbleSort(ref Array aA of Integer [], Integer iN)
4      Integer iI, iJ
5      for iI = 1 to iN - 1 do
6        for iJ = iI + 1 to iN - 1 do
7          if aA[iJ-1] > aA[iJ] then
8            Integer iAux = aA[iJ-1]
9            aA[iJ-1] = aA[iJ]
10           aA[iJ] = iAux
11         end
12       end
13     end
14   end
15   //inicialización de aArr con valores
16   BubbleSort(ref aArr, N)
```

Se puede observar que el algoritmo consta de dos ciclos for anidados (línea 5 y 6), y dentro del más interno está un condicional (línea 7). Entonces, para el segundo ciclo for es necesario calcular el condicional que lo contiene, y para el primer ciclo for se requiere calcular el segundo ciclo for. Por ello, empezaremos por calcular el condicional.

El condicional de la línea 7 es $T(if) = c_1 + T(Linea8 - 10)$, donde $c_1 = 3$ representa a las dos operaciones de acceso a memoria y la comparación. De hecho, estudiando el comportamiento de las líneas 8, 9 y 10 se puede decir que $T(Linea8 - 10) = 2 + 3 + 2 = 7$, pero asumiendo la misma premisa que la constante c_1 entonces $T(Linea8 - 10) = c_2$, por lo que $T(if) = c_1 + c_2 \rightarrow c$.

Una vez calculado el condicional, y examinando desde lo más interno de la estructura del algoritmo, corresponde calcular $T(2dofor) = c_3 + c_4 + \sum_{j=i+1}^{n} c_4 + c + c_5$. Es posible agrupar las constantes para tener una mejor lectura y poder expandir la ecuación, entonces:

$$
\begin{aligned}
T(2dofor) &= c_3 + c_4 + \sum_{j=i+1}^{n} c_4 + c + c_5 \\
&= c_6 + \sum_{j=i+1}^{n} c_7 \\
&= c_6 + (n - i)c_7
\end{aligned}
$$

Ahora, se procede a calcular el primer ciclo for (línea 5):

$$
\begin{aligned}
T(1erfor) &= c_8 + c_9 + \sum_{i=0}^{n-1} c_9 + c_6 + (n - i)c_7 + c_{10} \\
&= c_{11} + (c_9 + c_6 + c_10) \sum_{i=0}^{n-1} (n - i)c_7 \\
&= c_{11} + c_{12} \sum_{i=0}^{n-1} (n - i)c_7 \\
&= c_{11} + c_{12}c_7 \sum_{i=0}^{n-1} n - i \\
&= c_{11} + c_{12}c_7 \left[\sum_{i=0}^{n-1} n - \sum_{i=0}^{n-1} i \right] \\
&= c_{11} + c_{13} \left[n(n - 1) - \frac{n(n - 1)}{2} \right]
\end{aligned}
$$

$$= c_{14} \left[n(n-1) - \frac{n(n-1)}{2} \right]$$
$$= c_{14} \left[n^2 - n \right]$$
$$= c_{14}n^2 - c_{14}n \Rightarrow O(Max\{c_{14}n^2, -c_{14}n\}) = O(c_{14}n^2) = O(n^2)$$

Por la regla del producto, el $T(n)$ de la función BubbleSort consiste en calcular solamente el primer ciclo for para obtener la complejidad del algoritmo completo. El nombre de las constantes es solo una forma de realizar el cálculo, es posible no agruparla e ir llevando la cada variable por separado o con su valor literal. Independientemente de dicho hecho, el resultado será el mismo para la complejidad $O(n^2)$.

7 Algoritmos

Los siguientes algoritmos se presentan como buenos ejercicios para su cálculo de complejidad de algoritmos iterativos. Estos se presentan como fragmentos de código, ignorando en qué contexto son ejecutados (i.e. unidades invocables).

```
Integer n, iX = 0
Read(n)
for Integer iI = 0 to iN do
   for Integer iJ = 0 to iI*iI do
      for Integer iK = 0 to iJ do
         iX = iX + 2
      end
   end
end
```

El algoritmo anterior tiene una complejidad de $O(n^5)$. Considere que el valor límite del segundo ciclo es iI^2 el cual pertenece al primer ciclo que va desde el valor 0 hasta n (variable iN).

```
for Integer iI = 0 to iN−1 do
   Integer iJ = 0
   while iI < iN do
      iJ = iJ + 1
      iI = iI + 1
   end
   if iJ < iN then
      for Integer iK1 = 0 to iN do
         for Integer iK2 = 0 to iN do
            iI = iK1 * iK2
         end
      end
   end
end
```

En este fragmento de código el punto interesante radica sobre la variable iI y el ciclo for de la línea 1. Dicho ciclo solo se ejecutará 1 sola vez. En este caso, el ciclo de la línea 8 es quién determinará la complejidad total del fragmento de código $\rightarrow O(n^2)$.

8 Complejidad de Algoritmos Recursivos

En el cálculo de la complejidad de algoritmo iterativos, su tiempo de ejecución viene dado por el número de operaciones elementales que se ejecutan. Sin embargo, para los algoritmos recursivos existe con una dificultad extra pues la función que establece su tiempo de ejecución viene dada por una ecuación en recurrencia, es decir, $T(n) = F(n)$ en donde en la expresión $F(n)$ aparece la propia función T.

Resolver tal tipo de ecuaciones consiste en encontrar una expresión no recursiva de T. Por lo general, encontrar dicha función no es tarea sencilla. Veamos un ejemplo de una función recursiva de nombre $LessInArray$ que calcular el menor valor en un arreglo del tipo Integer de forma recursiva.

```
1   const Integer N = ...
2   const Integer MAX_INTEGER = ...
3   function LessInArray(Array aArray of Integer[], Integer iN)
4     if iN <= 0 then
5       return MAX_INTEGER
6     else
7       Integer iValue = LessInArray(iN − 1)
8       if aArray[iN] < iValue then
9         return aArray[iN]
10      else
11        return iValue
12      end
13  end
14
15  Array aArray of Integer[1..N]
16  fillArray(ref aArray) //filled with positive numbers
17  Print (LessInArray(aArray, N))
```

Se observa que es un algoritmo simple que recorre desde la posición N del arreglo hasta la posición 1, haciendo invocaciones con la posición a la cual se va a acceder, $N-1$, $N-2$, ..., $N-k$, ..., 1.

Haciendo análisis del algoritmo podemos notar que posee una invocación recursiva. Si aislamos dicha instrucción (línea 7), el resto del algoritmo tiene comportamiento constante. Considerando la invocación recursiva, para un tamaño de entrada N se tiene $T(n)$, sin embargo la instrucción hace que la función T se comporte como $T(n) = T(n-1) + c$, donde c es una constante. El tamaño del espacio de búsqueda se reduce en 1 con respecto a la invocación original (ver la sección 1, parte II sobre invocaciones recursivas) y se hace una operación de asignación de costo constante, c.

De esta forma, es posible escribir la función $T(n)$ de la siguiente forma:

$$T(n) = \begin{cases} c_1 & \text{si } n \le 0; \\ T(n-1) + c_2 & \text{si } n \ge 1. \end{cases}$$

Cuando $n \le 0$ (línea 4) entonces el valor corresponde a una constante c_1 y, en caso de que $n \ge 1$ se corresponde a la invocación recursiva por una ecuación de recurrencia de $T(n)$. En este punto, queda estudiar como es el comportamiento de $T(n)$ cuando $n \ge 0$ dado que el espacio de búsqueda se reduce. Para ello tenemos que:

$$\begin{aligned} T(n) &= T(n-1) + c_2 \\ &= [T(n-2) + c_2] + c_2 = T(n-2) + 2c_2 \\ &= [T(n-3) + c_2] + 2c_2 = T(n-3) + 3c_2 \\ &= \ldots \\ &= T(n-k) + kc_2 \end{aligned}$$

Es posible sustituir el valor de $T(n - i)$ por la correspondiente función T a $T(n - i - 1) + c_2$, y aplicar este proceso k veces, tal que se obtiene de forma general $T(n - k) + k_c 2$.

El número k representa el número de veces que se ejecuta dicho algoritmo, o el número de veces que se realizan invocaciones recursivas. Ahora, ¿para qué interesa conocer el número de veces que se ejecuta?. Al conocer este detalle, y expresando la función $T(n)$ en función de k, es posible determinar cuándo terminará de ejecutarse el algoritmo. Así, es importante conocer cuando dicha recurrencia llegará al caso cuando $n \leq 0$ y se pueda obtener la complejidad c_1 multiplicado por un número k de veces.

Para que $T(n - k)$ sea $T(n = 0)$ se debe cumplir que:

$$n - k = 0 \Rightarrow n = k$$

Tomando este aspecto, es posible re-escribir nuevamente la función de recurrencia y probar con $n - k$ y determinar cuántas veces se ejecutará. Entonces, sustituyendo se tiene que:

$$
\begin{aligned}
T(n) \quad &= \quad T(0) + nc_2 \\
&= \quad c_1 + nc_2 \Rightarrow O(n) \\
\Rightarrow O(n) &
\end{aligned}
$$

La función $T(n)$ arroja que el tiempo de ejecución es $c_1 + nc_2$, por lo tanto, su complejidad es $O(n)$.

8.1 Clase de Recurrencia

Existen algunos tipos concretos de ecuaciones en recurrencia que su solución es conocida, que se dan con más frecuencia al estudiar el tiempo de ejecución de los algoritmos recursivos[5]. En términos generales, la idea es expresar el valor de una función para un cierto valor n en función de los valores de la función para $n's$ de menor tamaño.

De forma simple, existen dos teoremas que son una solución general para una clase de recurrencia:

Teorema #1: Sean a, b, c constantes no negativas, la solución de la recurrencia:

$$T(n) = \begin{cases} c^n k & \text{si } 1 \leq n < b; \\ aT(n/b) + cn^k & \text{si } n \geq b. \end{cases}$$

donde a es el número de subproblemas, n/b el tamaño de cada uno de los subproblemas.

Particularmente, si n es potencia de b se cumple que:

$$T(n) = \begin{cases} O(n^k) & \text{si } a < b^k; \\ O(n^k log n) & \text{si } a = b^k; \\ O(n^{log_b a}) & \text{si } a > b^k. \end{cases}$$

Teorema #2: Sean a, b, c constantes no negativas, la solución de la recurrencia:

$$T(n) = \begin{cases} cn^k & \text{si } 1 \leq n \leq b; \\ aT(n - b) + cn^k & \text{si } n > b. \end{cases}$$

---

[5]En este documento no se presenta la clasificación de ecuaciones de recurrencia homogéneas y no homogéneas

donde a es el número de invocaciones recursivas que se realizan y $n - b$ el tamaño de cada una.
Particularmente, si n es divisible entre b se cumple que:

$$T(n) = \begin{cases} O(n^k) & \text{si } a < 1; \\ O(n^{k+1}) & \text{si } a = 1; \\ O(n^{a^{k div b}}) & \text{si } a > 1. \end{cases}$$

8.2 Ejercicios

Un ejemplo simple y bien conocido es la búsqueda binario. Se puede escribir la función como:

```
Const Integer N = ...
Const Integer NOT_FOUND = ...
Array aArr of Integer [1..N]
function BinarySearch(Array aA of Integer [], Integer iX, iLow, iHigh)
  if iLow > iHigh then
    return NOT_FOUND
  end
  Integer iHalf = (iLow + iHigh) div 2
  if iX == aA[iHalf] then
    return iHalf
  elseif iX > aA[iHalf] then
    return BinarySearch(aA, iX, iHalf + 1, iHigh)
  else
    return BinarySearch(aA, iX, iLow, iHalf - 1)
  end
end
//inicialización de aArr con valores
//asignación del valor a buscar en el arreglo y almacenarlo en iX
Print(BinarySearch(aArr, iX, 1, N))
```

Examinando el algoritmo, es posible deducir la función $T(n)$ como:

$$T(n) = \begin{cases} c_1 & \text{si } n \leq 1; \\ T(n/2) + c_2 & \text{si } n > 1. \end{cases}$$

Es importante destacar que en algunos casos, como el algoritmo presentado, es posible separar la condición base y la condición recursiva y así determinar de forma sencilla la forma de $T(n)$. Una vez expresada la función $T(n)$ queda estudiar su comportamiento y expresarla en función del número de veces que se ejecuta, el número de k veces. Realizando este procedimiento por sustitución queda:

$$\begin{aligned} T(n) &= T(n/2) + c_2 \\ &= [T(n/4) + c_2] + c_2 = T(n/4) + 2c_2 \\ &= [T(n/8) + c_2] + 2c_2 = T(n/8) + 3c_2 \\ &= [T(n/16) + c_2] + 3c_2 = T(n/16) + 4c_2 \\ &= \ldots \\ &= T(n/2^k) + kc_2 \end{aligned}$$

Teniendo la representación general de $T(n)$, queda determinar en qué punto dichas iteraciones alcanzan $n = 1$ (cuando $n/2^k = 1$). Así se obtiene:

$$2^k = n \Rightarrow k = log_2(n)$$

Sustituyendo en la ecuación original se puede determinar el tiempo $T(n)$ del algoritmo.

$$
\begin{aligned}
T(n) &= T(n/n) + log_2(n) \\
&= c_1 + log_2(n)c_2 \Rightarrow O(log_2 n)
\end{aligned}
$$

Finalmente, el orden de complejidad del algoritmo de búsqueda binaria es $O(log_2 n)$.

9 Ideas Finales

- La complejidad de un algoritmo depende del tamaño del problema que se presenta al momento de ser ejecutado

- La complejidad hace referencia a cuánto tiempo se tomará en ejecutarse un algoritmo (comportamiento práctico y teórico)

- Se estudian tres comportamientos de los algoritmos: peor caso, caso promedio y mejor caso. Para ello se requiere el cálculo de la cantidad de instrucciones que contiene el algoritmo, $T(n)$ y de acuerdo a su comportamiento asintótico obtener el orden O

- El cálculo de la complejidad de algoritmos recursivos no es una tarea trivial. Por ello, se suele utilizar funciones de recurrencia conocidas con el fin de ajustar el comportamiento de un algoritmo a una de dichas funciones.

10 Problemas

1. ¿Bajo qué criterios se considera un algoritmo de orden constante? ¿y de orden polinomial?

2. Calcule la complejidad del siguiente fragmento de código:

```
Integer x = 0
for Integer i = 0 to n do
  for Integer j = 0 to i do
    for Integer k = 0 to j*j do
      x = x + 2
    end
  end
end
```

3. Dado un arreglo desordenado de valores del tipo Real, se desea implementar una operación selectora, que dado un parámetro k, retorna el valor correspondiente a la posición k del arreglo si este estuviera ordenado (**sin ordenarlo**). Defina un algoritmo que sea eficiente que dado cierto k y cualquier arreglo, el tiempo de búsqueda sea el mismo. Calcule formalmente la complejidad en tiempo del programa.

4. Calcule la complejidad del siguiente algoritmo:

5. Dada la siguiente unidad invocable:

```
void Beta()
  Integer  N, X, Y, Z, M
  X=0; Y=0; Z=0;
  Read (N)
  M = 2^N
  for Integer I = 1 to M do
    X = X + 1
    Y = Y + (3 * I)
    Z = (2*I) + 6 + Z;
  end
  Print (X); Print (Y); Print (Z);
end
```

Se quiere que calcule la función $T(n)$ asociada a la función Beta y calcule su complejidad. Igualmente, re-escriba el algoritmo para que su complejidad sea $O(1)$. obteniendo los mismos resultados

6. Si la complejidad de un algoritmo recursivo tiene el mismo orden de complejidad que su implementación de forma iterativa, ¿el número de iteraciones es igual? ¿el espacio que ocupan en memoria es el mismo?

7. Calcule de forma detallada la complejidad para la siguiente función recursiva:

```
function Epsilon (Integer iN) : Integer
  Integer iX, iI, iJ
  if n <= 1 then return 1
  else
    iX = Epsilon(iN div 2) + Epsilon(iN div 2)
    for iI = 1 to iN do
      for iJ = 1 to iN do
        iX = iX + iJ
      end
    end
    return iX
  end
end
```

8. Considere el siguiente algoritmo:

```
function Weirdo (ref Array a of Integer [ ], Integer prim, Integer ult) : Integer
  Integer mitad, terc
  if prim>=ult then
    return a[ult]
  end
  mitad =(prim+ult) div 2
  terc = (ult-prim) div 3
  return a[mitad] + Weirdo(a, prim, prim+terc) + Weirdo(a, ult-terc,ult)
end
```

Se quiere que calcule el tiempo de ejecución de la invocación a la función *Weirdo(ref a,1,N)* suponiendo que N es potencia de 3. De una cota de complejidad para dicho tiempo de ejecución.

Parte V
Estructuras de Datos Dinámicas

Una estructura de datos dinámica se refiere a una organización en memoria como una colección de datos que es flexible al momento de expandirse o reducirse en tamaño en tiempo de ejecución de un algoritmo. En muchas ocasiones, este tipo de estructuras permite al programador tener control sobre cuánta memoria está empleando. Las estructuras dinámicas juegan un papel muy importante en diversos lenguajes de programación ofreciendo la posibilidad de ajustar la cantidad de memoria que un programa empleará.

Las estructuras de datos estáticas es el caso opuesto a las dinámicas, donde el tamaño de la estructura es fija. Son ideales para almacenar un número fijo de elementos pero carecen de la flexibilidad para consumir memoria adicional si la requieren o liberar memoria para mejorar el rendimiento de los programas.

Entonces, para cada tipo de dato se presenta la definición de ésta, una posible clasificación (si es posible), su especificación e implementación. La idea de la especificación empleando una clase está en responder ¿qué hace? la estructura y no en ¿cómo lo hace?. Para responder la segunda pregunta, se utilizará la subsección de Implementación. En este documento se presentan las estructuras básicas dinámicas: tipo List, Stack y Queue.

1 Tipo List

El tipo de dato List representa a una lista de elementos la cual permite representar una serie de actividades, tareas, objetos, etc. Una lista del mercado, una lista de cosas por hacer, una lista de libros por leer, entre muchos otros ejemplos de la vida diaria.

Una lista es una colección finita de elementos del mismo tipo, ordenados de acuerdo a su posición en la lista. Podemos utilizar la siguiente notación para denotar una lista L de n elementos: si la lista es vacía se denota como $L = ()$, y si contiene elementos entonces como $L = (e_1, e_2, ..., e_k)$. Generalmente las listas tienen las siguientes características:

- Todos los elementos son de un mismo tipo de dato

- Las listas pueden crecer o decrecer en tiempo de ejecución

- Se pueden subdividir en sublistas

- Su acceso es de forma secuencial (un elemento seguido de otro)

Un tipo List es una estructura flexible que puede crecer y acortarse según se requiera. Mediante una posición dentro de la lista es posible moverse y efectuar operaciones básicas como insertar, eliminar, modificar un elemento, o concatenarse con otras listas. Una clasificación básica de listas puede ser de acuerdo al número de enlaces o conexiones con los otros elementos de la lista. Así, se pueden clasificar en listas simplemente enlazadas (acceso en un solo sentido) o doblemente enlazadas (acceso en ambos sentidos). A continuación se describe cada una de ellas.

1.1 Simplemente Enlazada

Los elementos en una lista están colocados en forma secuencial. Ahora, esto no quiere decir que están contiguos en memoria, de hecho, en estructuras dinámicas los elementos se pueden encontrar dispersos en memoria pero enlazados desde una posición y tener acceso al siguiente elemento.

Para una lista simplemente enlazada, se define una estructura (denominada Node) que almacenará el valor como tal de la estructura homogénea (denominada List), y un enlace al próximo elemento desde dicha estructura Node. Primeramente, se realizará la especificación de una lista sin entrar en detalles de su implementación basado en un conjunto de atributos y métodos dentro de una clase. Luego, se muestra las implementaciones posibles dada dicha especificación.

1.1.1 Especificación

En una especificación de una estructura de datos se pueden diferenciar dos roles principales: usuario y programador. En el rol de usuario, se emplea la estructura de datos sin conocer cómo está implementado sino empleando los métodos dispuestos en la especificación de la estructura. Ahora, el rol de programador incluye el uso de la estructura según su especificación y la forma como será implementado (i.e. uso de variables, desarrollo de las unidades invocables).

Para la especificación de la lista, se define como atributo un tipo de dato que represente una posición dentro de una lista. Esta posición en su implementación puede ser un tipo Integer, Pointer, entre otros. Así, el tipo List se especifica en la siguiente clase.

```
class List <T>            // definición de una plantilla. T indica el tipo de dato
public :
  Type  <...> tPosition      // tipo de dato posición para desplazarse

  Constructor List()       // construye la lista vacía ().
  Destructor List()        //destructor de la clase. Libera la lista de memoria

  function IsEmpty() : Boolean    // retorna True si lista vacía, sino false
  function First() : tPosition    // retorna la posición del 1er elemento o Last() si es vacía
  function Last() : tPosition   // retorna la posición final de lista (después del último)
  void Next(ref tPosition pValue)  // mueve la posición hacia la sig. posición de la lista
  function Get (tPosition pValue): ref T// retorna la referencia a la información de pValue
  void Insert ( ref T x, tPosition pValue)// Inserta x antes de la posición pValue
  void Delete (tPosition pValue)   // elimina el elemento de pValue.
  function Size() : Integer    // retorna el número de elementos en la lista
end
```

Nótese que la función Last retorna la posición final o posición disponible al final de la lista, lo cual difiere a ser el último elemento de la lista. Del mismo modo, es importante destacar que existe pase de parámetros por referencia y retorno de la referencia del tipo de dato T que es empleado de forma genérica como plantilla en la clase.

1.1.2 Ejemplos

A continuación una serie de ejemplos donde se utiliza las unidades invocables presentes en el tipo List sin conocer su implementación.

- Dada una lista, imprimir sus elementos

```
void PrintList( ref List <T> L)
  tPosition tIndex = L.First()
  while tIndex != L.Last() do
    Print (*L.Get(tIndex))
```

```
    L.Next(ref tIndex)
  end
end
```

El algoritmo consiste simplemente en dada la primera posición de la lista, iterar de forma secuencial sobre cada elemento e imprimir su valor.

- Dada una lista de enteros, asignar el valor de 666 a todos sus elementos:

```
void Change (ref List <Integer> L)
  tPosition tIndex = L.First()
  Const Integer iSixSixSix = 666
  while tIndex != L.Last() do
    L.Insert(ref iSixSixSix, tIndex)   // también se puede emplear *L.Get(tIndex) = iSixSixSix
    L.Next(ref tIndex)
  end
end
```

Siendo muy similar al algoritmo anterior, dado el primer elemento de la lista se itera sobre cada elemento y se emplea la función Insert dada la posición y la constante a añadir.

- Dada una lista de valores enteros, eliminar todos los elementos que tengan valor mayor a 15:

```
void Delete15 (ref List <Integer> L)
  tPosition tIndex = L.First()
  while tIndex != L.Last() do
    if *L.Get(tIndex) > 15 then
      tPosition tTemp = tIndex
      L.Next (ref tTemp)
      L.Delete (tIndex)
      tIndex = tTemp
    else
      L.Next(ref tIndex)
    end
  end
end
```

Esta función busca todas las posiciones que cumplen con la condición > 15 y para cada una "salta" una posición más allá de la actual con el fin de eliminar todos aquellos elementos que cumple dicha condición. Existen algunas consideraciones que se deben tomar en cuenta al momento de su ejecución, pero que dependen de la implementación tal como liberación de la memoria si es dinámica, enlace de los elementos de forma correcta, entre otros.

-Concatenar dos listas del tipo User llamadas A y B, y dejar el resultado en la lista A

```
void Concat (ref List<User> A, B)
  tPosition tIndex = B.First()
  while tIndex != B.Last() do
    A.Insert(B.Get(tIndex), A.Last())
    B.Next(ref tIndex)
  end
end
```

Al igual que operar sobre un par de arreglos, dada la lista A y a partir de su posición final se anexará cada uno de los elementos que pertenecen a B hasta que no queden elementos en B. Nuevamente, aspectos como no eliminar los elementos de B o el tamaño máximo de elementos de A, son concernientes al programador.

1.1.3 Implementación

La forma básica de implementar una lista simplemente enlazada es empleando un arreglo unidimensional dinámico, donde a medida que se agreguen o eliminen elementos, el tamaño de la lista se modifica. Una operación de acceso, inserción, eliminación y búsqueda tendrá complejidad $O(n)$, pero con una implementación simple. Otra forma de implementar el tipo List con arreglos, es empleando un arreglo de registros, donde cada posición contiene el valor a almacenar (información) y el índice al próximo elemento dentro de la lista. Al mismo tiempo, es posible tener sublistas para definir las próximas posiciones libres u ocupadas del arreglo. A diferencia de la implementación anterior, ésta es estática y se debe definir un tamaño máximo de elementos.

En diversos lenguajes de programación existen implementaciones dinámicas de listas como es el caso en C++ empleando la librería STL (i.e. vector), en Java de forma nativa (i.e. Vector), en Python se emplea como un tipo de dato secuencia, entre otros. A continuación, estudiaremos diversas implementaciones .

Implementación con arreglos Para la implementación con arreglos se asume que existe un tamaño máximo o que se modifica de forma dinámica. Ahora, el punto importante es que para cada posición dentro del arreglo se debe conocer cuál es el próximo elemento dada una posición.

De este modo, la Fig. 12 muestra un ejemplo de una posible distribución del tipo List empleando arreglos.

Figura 12: Ejemplo de representación de una lista simplemente enlazada empleando arreglos.

La Fig. 12 es un instante de tiempo en durante la ejecución de la estructura. En esta implementación se consideran dos posiciones claves que son la primera posición libre y la primera posición ocupada. Se debe mantener un arreglo del tipo Position, y otro donde se almacena el tipo de dato de la lista.

En el ejemplo, la primera casilla ocupada está en la posición 2 correspondiente al valor (tInfo) 'A'. Desde allí, el próximo campo ocupado (Next) se encuentra en el valor que indica el arreglo de ocupados, es decir, la posición 6. La posición 6 corresponde al valor 'B', luego a la posición 1 para el valor 'C', y finalmente el último valor está en la posición 5 correspondiente a 'D'. El próximo elemento ocupado desde 'D' corresponde al valor de 0, este valor indica la finalización de la lista.

De forma similar ocurre con la primera posición libre en la posición 4, la segunda libre será la posición 3, luego la posición 7 y ésta será la última para dicho arreglo.

Implementación con apuntadores En este caso, tenemos un conjunto de nodos enlazados mediante el campo denominado pNext. Por otro lado, la lista contendrá a un apuntador al primer elemento de dicha lista y el valor pNext del último nodo apunta a NIL. En esta versión las operaciones de Insertar y Eliminar son de complejidad $O(n)$.

En la Fig. 13 se muestra de forma visual la representación de una lista simplemente enlazada. Se nota que el inicio de la lista está indicada por el apuntador $pFirst$, de allí el nodo con $tInfo = e_1$ indica el siguiente elemento de la lista a través del campo $pNext$ hasta llegar al final de la lista. Empleando apuntadores, el final de la lista se ubica cuando el próximo es NIL (representado por el símbolo \\ en la figura).

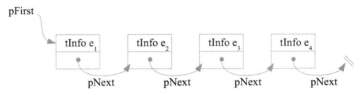

Figura 13: Representación visual de una estructura de lista simplemente enlazada empleando apuntadores.

```
class Node <T>
public :
  T tInfo
  Node<T>* pNext
end

class List <T>
private :
  Node<T>* pFirst    // apuntador al primer nodo
  Integer iN         // número de elementos en la lista

public :
  Type Node<T>* tPosition    // la posición es un apuntador a Node*<T>

  Constructor List ()
    iN = 0
    pFirst = NIL
  end

  Destructor List ()
    Node<T>* pTemp
    while pFirst != NIL then
      pTemp = pFirst
      pFirst = (*pFirst).pNext
      delete pTemp
    end
  end

  function IsEmpty() : Boolean
    return pFirst == NIL
  end

  function First() : tPosition
    return pFirst
  end

  function Last() : tPosition
    return NIL
  end

  void Next(ref tPosition pValue)
```

```
    pValue = *pValue.pNext
  end

  function Get(tPosition pValue) : ref T
    return ref (*pValue).tInfo
  end

  void Insert(ref T x, tPosition pValue)   //O(n).Se requiere que el nodo previo apunte al próx
    Node<T>* pNew = new Node
    (*pNew).tInfo = *x
    (*pNew).pNext = pValue
    if (pFirst == NIL or pFirst == pValue) then
      pFirst = pNew
    else
      Node<T>* pTemp = pFirst
      while *pTemp.pNext != pValue do
        pTemp = *pTemp.pNext
      end
      *pTemp.pNext = pNew
    end
    iN = iN + 1
  end

  void Delete(tPosition pValue)
    if pFirst == pValue then
      pFirst = *pFirst.pNext
    else
      Node<T>* pTemp = pFirst
      while *pTemp.pNext != pValue do
        pTemp = *pTemp.pNext
      end
      *pTemp.pNext = *pValue.pNext
    end
    delete pValue
    iN = iN - 1
  end

  function Size() : Integer
    return iN
  end
end
```

Es posible lograr la operación de inserción y eliminación de complejidad $O(1)$ si se cuenta con un puntero al nodo anterior. Del mismo modo, sí se contará con un puntero a los nodos anteriores es posible hacer el recorrido en ambos sentidos (ver sección 1.2).

Implementación con apuntadores y nodo cabeza   Un nodo cabeza es un nodo especial por donde se realizarán las operaciones de la lista. Con el nodo cabeza se garantiza que todo nodo tiene un predecesor en la lista, y la posición de un nodo se referenciará desde la posición del nodo anterior. En esta implementación, todas las operaciones son de complejidad $O(1)$. Adicionalmente, como atributo de la clase se requiere mantener un apuntador al último nodo para que la operación Last() sea de complejidad $O(1)$.

```
class Node <T>
public:
  T tInfo
  Node<T>* pNext
end

class List <T>
private:
  Node<T>* pFirst      // apuntador al nodo cabeza. Este apuntador no se modifica
  Node<T>* pLast       // apuntador al último nodo (nodo cuyo próximo es NIL)
  Integer iN           // número de elementos en la lista
```

```
public:
    Type Node<T>* tPosition      // la posición es un apuntador a Node*<T>

    Constructor List ()
        iN = 0
        pFirst = new Node ()
        pLast = pFirst
        *pFirst.pNext = NIL
    end

    Destructor List ()
        Node<T>* pTemp
        while pFirst != NIL then
            pTemp = pFirst
            pFirst = (*pFirst).pNext
            delete pTemp
        end
    end

    function IsEmpty() : Boolean
        return *pFirst.pNext == NIL
    end

    function First() : tPosition
        return pFirst
    end

    function Last() : tPosition
        return pLast
    end

    void Next(ref tPosition pValue)
        pValue = *pValue.pNext
    end

    function Get(tPosition pValue) : ref T
        return ref *(*pValue.pNext).tInfo
    end

    void Insert(ref T x, tPosition pValue)
        Node<T>* pNew = new Node
        (*pNew).tInfo = *x
        if (pFirst == pValue) then // insertando de primero
            *pNew.pNext = *pFirst.pNext
            *pFirst.pNext = pNew
        else
            *pNew.pNext = *pValue.pNext
            *pValue.pNext = pNew
        end
        if pLast == pValue then
            pLast = pNew
        end
        iN = iN + 1
    end

    void Delete (tPosition pValue)
        if (*pValue.pNext == pLast) then
            pLast = pValue
        end
        Node<T>* pTemp = *pValue.pNext
        *pValue.pNext = (*(*pValue.pNext)).pNext
        delete pTemp
        N = N-1;
    end

    function Size() : Integer
        return iN
    end
end
```

1.2 Doblemente Enlazada

La idea central de una lista doblemente enlazada es mantener una relación de conectividad de cada elemento de la lista con el elemento próximo y anterior. Entonces, es posible recorrer la lista en ambos sentidos: desde el inicio al final, y del final al inicio. Para ello se requiere de una marca de finalización para cada recorrido. Para dicha marca se emplea una función denominada End que sirve como parada cuando se recorre desde el inicio al final, y otra función llamada Start que es cuando se recorre en sentido inverso. Del mismo modo, se permiten las operaciones de PreInsert y PostInsert debido a que será posible insertar antes y después de una posición dada.

1.2.1 Especificación

La especificación de las operaciones de una lista doblemente enlazada general se puede definir como una clase de la siguiente forma:

```
class ListDouble <T>
public:
    Type <...> tPosition          // tipo de dato posición para desplazarse

    Constructor ListDouble ()     // construye la lista vacía ()
    Constructor ListDouble (ref List <T> lSource) // constructor de copia
    Destructor ListDouble ()      // destructor de la clase. Libera la lista de memoria

    function IsEmpty() : Boolean       // retorna True si la lista es vacía, sino false
    function Start() : tPosition       // retorna la posición del inicio de la lista
    function First() : tPosition       // retorna la posición del 1er elemento de la lista
    function End() : tPosition         // retorna la posición final de la lista (después del último)
    function Last() : tPosition        // retorna la posición del último elemento de la lista
    void Next(ref tPosition pValue)    // pre-condition: pValue!= End()
    void Prev(ref tPosition pValue)    // pre-condition: pValue!= Start()
    function Get (tPosition pValue): ref T// retorna la referencia a pValue
    void PreInsert (ref T x, tPosition pValue)// inserta x antes de  pValue.
    void PostInsert (ref T x, tPosition pValue)// inserta x después de pValue.
    void Delete (tPosition pValue)   // elimina el elemento de posición pValue.
    function Size() : Integer        // retorna el número de elementos en la lista
end
```

1.2.2 Ejemplos

Una serie de ejemplos del uso de la especificación de la clase ListDouble.
  - Imprimir los elementos de una lista en orden inverso

```
void PrintList(ref ListDouble <Integer> L)
    tPosition tIndex = L.Last()
    while (tIndex != L.Start()) do
        Print (*L.Get(tIndex))
        L.Prev (ref tIndex)
    end
end
```

En este algoritmo se comienza desde la posición del último elemento (Last) y se itera con la función Prev hasta llegar a Start. Es importante destacar que la condición de parada es Start y no First (First representa al 1er elemento de la lista).
  - Eliminar los últimos 3 elementos de la lista de enteros

```
void Delete3(ref ListDouble <Integer> L)
```

```
tPosition tIndex = L.Last(), tTemp
Integer iCont = 0
while (tIndex != L.Start() and iCont != 3) do
    tTemp = tIndex
    L.Prev(ref tTemp)
    L.Delete(tIndex)
    tIndex = tTemp
    iCont = iCont + 1
end
end
```

Nuevamente, empezando desde la última posición y hasta llegar al inicio, se cuentan 3 elementos y son eliminados de la lista doblemente enlazada.

1.2.3 Implementación

De forma similar que las listas simplemente enlazadas, existen diversas implementaciones de las listas doblemente enlazadas: empleando arreglos y apuntadores. Un aspecto relevante es la posibilidad de particularizar la estructura de datos para resolver problemas específicos. Por ejemplo, buscar en un rango ordenado de valores de forma eficiente un valor; representar los lugares de una mesa redonda como una lista circular (caso particular de lista doblemente enlazada); o emplear múltiples apuntadores dentro de una lista para crear sub-listas (una lista de enteros donde se ordenen los números pares e impares como sublistas de ésta).

En la Fig. 14 se muestra una representación de una estructura ListDouble empleando apuntadores. En ella, existen dos apuntadores principales pFirst y pLast. Al mismo tiempo, en cada nodo existen 2 apuntadores que van a permitir el recorrido en ambos sentidos: pNext y pPrev.

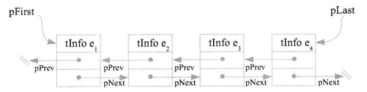

Figura 14: Representación visual de una estructura de lista simplemente enlazada empleando apuntadores.

Es posible que una lista con enlaces no solo tenga una conexión con el nodo anterior y con el previo, sino que requiera conectarse con otro nodo de forma "salteada" de acuerdo ala naturaleza del problema. Por ello, a continuación se muestra las listas multienlazadas o con múltiples enlaces.

2 Lista Multienlazada

Una lista multienlazada o n-enlazada tiene como característica que sus nodos contienen enlaces que los asocian con más de una lista. Esto quiere decir que con una misma lista física, los diferentes apuntadores hacen que en realidad se enlacen n listas lógicas o se manipulen de forma particular de acuerdo a dichos enlaces.

De este modo, las listas doblemente enlazadas son un caso particular de listas multienlazadas donde:

1. Cada nodo tiene 2 identificadores de tipo Pointer

2. Los apuntadores son exactamente inversos una de otro

Así, en una lista multienlazada cada nodo puede tener cualquier cantidad de apuntadores a otros nodos que pueden formar diversas estructuras o no. Por ejemplo, dada una lista de personas enlazada entre sí de dos maneras:

1. Ordenada alfabéticamente por el primer apellido

2. Ordenada ascendentemente por su documento de identidad

Es posible representar dicha información como dos listas, pero existe el problema de la doble representación de los nodos (nodos duplicados) tanto en su representación como en el desarrollo de sus operaciones. Entonces, las operaciones de Insert o Delete deben realizarse en ambas listas. Una solución es representar mediante el uso de apuntadores en una lista multienlazada estas dos listas lógicas en una sola lista física, definiendo sus nodos (ver Fig. 15).

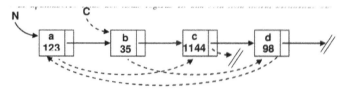

Figura 15: Ejemplo de dos listas lógicas en una sola lista multienlazada.

El puntero N y las flechas continuas representan la lista ordenada por nombre y el puntero C y las flechas punteadas la lista ordenada por documento de identidad. También esta lista se puede representar con el uso de un nodo cabeza. Dicho nodo cabeza contedrá un puntero al nodo inicial que representa el comienzo de cada lista lógica, tal como se muestra en la Fig. 16.

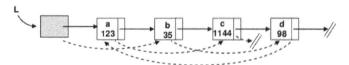

Figura 16: Ejemplo de dos listas lógicas en una sola lista multienlazada con nodo cabeza L.

Las estructuras de datos de la lista multienlazada para el ejemplo anterior se pueden definir como:

```
class CPerson
public:
  String strName
  Integer iDocIdentidad
```

71

```
end

class Node
public:
  CPerson Info
  Node* pNextN
  Node* pNextC
end
```

En el caso de emplear dos apuntadores para cada lista, la definición queda como:

```
class ListPerson
public:
  Node* N //primer elemento de la lista de nombres
  Node* C //primer elementos de la lista de documentos de identidad
end
```

Y en caso de emplear nodo cabeza, solo cambia la definición de ListPerson y se agrega la estructura NodeHead.

```
class NodeHead
public:
  Node* pFirstN
  Node* pFirstC
end

class ListPerson
public:
  NodeHead* pHead //nodo cabeza de la lista
end
```

Las operaciones cambian para adaptarse a los nuevos características de lista, básicamente mantener el orden entre sus elementos. A continuación se muestra como ejemplo el algoritmo de inserción, que va en las operaciones de la clase ListPerson.

```
void Insert (CPerson pers)     //inserta una persona en la lista manteniendo el orden
  Node* pNew, pPrev, pThis
  pNew = new Node ()
  *pNew.Info = pers
  *pNew.pNextN = *pNew.pNextC = NIL
  if (*pHead.pFirstN == NIL) then
    *pHead.pFirstN = pNew
    *pHead.pFirstC = pNew
  else
    //buscar donde va en la lista por nombre
    pThis = *pHead.pFirstN
    pPrev = NIL
    // isLessThan compara lexicográficamente dos strings
    while (pThis != NIL and isLessThan(*pThis.Info.strName, pers.strName)) do
      pPrev = pThis
      pThis = *pThis.pNextN
    end
    *pNew.pNextN = pThis
    if pPrev == NIL then
      *pHead.pFirstN = pNew
    else
      *pPrev.pNextN = pNew
    end
    //buscar donde va en la lista por cedula
    pThis = *pHead.pFirstC
    pPrev = NIL
    while (pThis != NIL and *pThis.Info.iCedula < pers.iDocIdentidad) do
      pPrev = pThis
      pThis = *pThis.pNextC
```

```
    end
   *pNew.pNextC = pThis
   if pPrev == NIL then
     *pHead.pFirstC = pNew
   else
     *pPrev.pNextC = pNew
   end
 end
end
```

2.1 Tipo Sparse Matrix

Una estructura Sparse Matrix, o matriz esparcida o matriz dispersa es una combinación de estructuras que se utiliza para representar solamente los elementos que son significativos en una matriz estática "grande", buscando lograr una menor complejidad en memoria. Esta estructura deriva del análisis numérico donde una Sparse Matrix es una matriz la cual la mayoría de sus elementos son cero (inverso a matriz densa). La estructuta de matriz esparcida es por naturaleza más fácil de comprimir sus datos y requiere del uso de algoritmos que difieren de los clásicos empleados en matrices densas.

Para analizar un poco la ventaja en complejidad en espacio que puede representar una matriz esparcida se muestra un ejemplo: Dada una matriz de 50×50 elementos y solo son significativos 100 de ellos (no nulos, diferentes a cero, con valor true, etc., dependiendo de la clase de información que se guarde), existe un desperdicio de memoria significativo.

Calculando la complejidad en memoria de una matriz de enteros estática de tamaño 50×50.

```
Array aMatrix of Integer [1..50][1..50]
CM(aMatrix) = (50 - 1 + 1) * (50 - 1 + 1) * CM(Integer) = 2500 palabras
```

En cambio empleando una representación de tipo matriz esparcida, se define como se muestra en la Fig. 17.

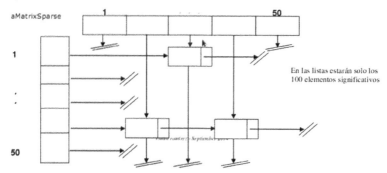

Figura 17: Ejemplo de representación de una matriz de 50×50 en una matriz esparcida.

Ahora, cada elemento de la lista (Node) está formado por dos identificadores del tipo Pointer y dos de tipo Integer, que indican la fila y columna asociada. Además, el arreglo solo contiene un apuntador al tipo Node, el cálculo de su complejidad queda como:

```
CM(aMatrixSparse) = CM(Row) + CM(Col) + 100 * CM(Node)
CM(aMatrixSparse) = (2 * (50-1+1) * CM(Node*)) + 100 * (2*CM(Integer) + 2*CM(Node*))
CM(aMatrixSparse) = (2 * 50 * 1) + 100 * (2 + 2) = 500 palabras
```

De esta forma se tiene un ahorro en memoria respecto a la representación completa de una matriz 50×50 de:

```
CM(aMatrix) - CM(aMatrixSparse) = (2500 - 500) palabras = 2000 palabras.
```

Esto indica que aMatrixSparse es solo una quinta parte de aMatrix en espacio en memoria.

2.1.1 Implementación

La forma clásica de implementar una estructura Sparse Matrix es empleando apuntadores para la definición de los elementos que la conformará. A continuación se muestra una posible representación implementada con apuntadores.

```
class Node <T>
public:
   T tInfo
   Integer iIdF, iIdC
   Node<T>* pNextR, pNextC
end

class NodeR <T>      // encabezados de las filas de la matriz
public:
   Integer iIdR
   T tInfo
   NodeR <T>* pNext
   Node <T>* pFirst
end

class NodeC <T>      // encabezados de las columnas de la matriz
public:
   Integer iIdC
   NodeC <T>* pNext
   Node <T>* pFirst
end

class HeadNodeM <T>
public:
   NodeR <T>* pFirstR
   NodeC <T>* pFirstC
end

class SparseMatrix <T>
public:
   HeadNodeM <T>* Matrix
   function isElementOf (Integer iI, iJ) : Boolean
   void Insert (T tInfo, Integer iI, iJ)
   void Delete (Integer iI, iJ)
end
```

Nótese que las listas dentro de una matriz esparcida también se pueden usar doblemente enlazadas incorporando dos apuntadores a cada tipo Node: uno para el previo por fila y otro para el previo por columna (o en las listas de nodos cabeza (i.e. Node* pPrevR, pPrevC).

2.1.2 Ventajas y Desventajas

Con una matriz esparcida se ahorra espacio en memoria cuando el número de nodos es muy pequeño respecto al número de elementos totales de la matriz. Se suele considerar un ahorro de memoria razonable cuando la cantidad de elementos significativos es un porcentaje de la cantidad total de nodos posibles (un aproximado que varía y puede llegar hasta un 20% del total). Adicionalmente, con una representación basada en apuntadores es posible agregar/eliminar filas/columnas y nodos de forma sencilla.

En contraparte, cuando existen pocos elementos "no nulos" una solución basada en matriz esparcida puede no ser la más conveniente ya que ocupará más memoria que su contraparte estática a medida que el número de nodos sea mayor. En ese caso, se debe utilizar otra implementación que siga siendo dinámica pero que ocupe menos espacio en memoria (i.e. lista de adyacencia).

Por otro lado en implementaciones de matrices esparcidas, las operaciones de insertar y eliminar tienen un mayor nivel dificultad en su implementación y en su mayoría de complejidad $O(N)$ debido a las búsquedas lineales en una o varias listas.

3   Tipo Stack

Es una estructura de datos representado como un conjunto de elementos ordenados, donde el acceso a cada uno de sus elementos es en orden inverso a como se han agregado. El tipo Stack, sigue el esquema LIFO (*last in first out*) donde el último en entrar (ser insertado en la estructura) será el primero en salir o ser tratado para almacenar y recuperar datos. Hay múltiples ámbitos donde se utilizan este tipo pila como estructura de datos debido su simplicidad y orden implícito. (e.g. la pila de ambientes de programas, simulación de una pila de libros o una mano de cartas, almacenar expresiones en notación polaca, etc.). En todo momento, solamente se tiene acceso a la parte superior de la pila (tope). Para el manejo de los datos, las operaciones actúan sobre el tope de la pila: colocar un objeto (push/apilar) y su operación inversa, retirar el último elemento apilado (pop/desapilar).

La Fig. 18 se observa de forma gráfica un tipo Stack. Se puede ver que existe un tope y una base, donde los elementos entran a la pila por el tope y el primer elemento insertado siempre formará la base.

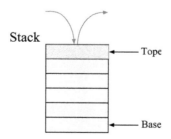

Figura 18: Representación gráfica del tipo Stack.

3.1   Especificación

Dada la naturaleza del tipo Stack, la especificación de la clase resulta simple en cuanto a las funciones que emplea. A continuación se describe:

```
class Stack <T>
public:
   Constructor Stack() //construye la pila vacía.
   Destructor Stack() //destruye la pila.
   function IsEmpty() : Boolean  //indica si la pila está vacía o no
   void Push(ref T x) //agrega un nuevo elemento al tope de la pila. Ssegura que Top()==x
   void Pop() //precondición: la pila no puede estar vacía. Elimina el elemento del tope
   function Size() : Integer   //devuelve el \# de elementos en la pila
   function Top() : T //la pila no puede estar vacía y retorna la información del tope
end
```

3.2   Implementación

Implementación reutilizando la clase List   Empleando el mecanismo de herencia, se puede implementar una pila basado en superclase lista aplicando todas las operaciones definidas en su especificación. Se emplea la herencia simple, donde todos los miembros públicos de la clase List serán privados dentro de la subclase Stack.

```
class Stack <T> inherited List <T>
public:
   Constructor Stack() //construye la pila vacía
   end

   Destructor Stack () //se destruye la pila
   end

   function IsEmpty() : Boolean   //la pila está vacía si la lista (superclase) lo está
      return List<T>::IsEmpty()
   end

   void Push (ref T x) // se asume que el tope es el primero de la lista
      Insert(x, First())
   end

   void Pop()      // dado que el tope es el primero de la lista , se elimina el primero
      Delete (First())
   end

   function Size() : Integer //el tamaño de la pila se reduce a saber el tamaño de la lista
      return List<T>::Size()
   end

   function Top() : T //retorna el elemento del tope, es decir, el 1ro de la lista
      return Get (*First())
   end
end
```

Implementación con apuntadores   En esta caso, se realiza la implementación directamente con apuntadores al tipo Node siguiendo la especificación ya definida.

```
class Node <T>
public:
   T tInfo
   Node<T>* pNext
```

76

```
end

class Stack <T>
private:
  Node<T>* pTop
  Integer iN

public:
  Constructor Stack()
    iN = 0
    pTop = NIL
  end

  Destructor Stack ()
    while pTop != NIL do
      Node<T>* pTemp = *pTop
      pTop = *pTop.pNext
      delete pTemp
    end
  end

  function IsEmpty() : Boolean
    return iN == 0
  end

  void Push ( ref T x)
    Node<T>* pNew = new Node
    *pNew.x = *x
    *pNew.pNext = pTop
    pTop = pNew
    iN = iN + 1
  end

  void Pop()
    Node<T>* pTemp = pTop
    pTop = *pTop.pNext
    delete pTemp
    iN = iN - 1
  end

  function Size() : Integer
    return iN
  end

  function Top() : T
    return *pTop.tInfo
  end
end
```

3.3 Algoritmos

A continuación una serie de algoritmos sencillos para demostrar el uso del tipo Stack.

3.3.1 Paréntesis

El problema de la paréntesis consiste en verificar que una secuencia de paréntesis sea correcta en al abrir-cerrar, es decir, se consideran correctos (()), [], ()[] dado que para símbolo de paréntesis de apertura siempre tendrá su equivalente de cierre (basado en agrupamiento). Se consideran incorrectos los siguientes por ejemplo (()(, [[)]] ([)] entre otros.

```
function Parenthesis(String strText, Integer iN) : Boolean
  Stack<Char> S
  for Integer iK = 1 to iN do
    if strText[ik] == '(' or strText[ik] == '[' or strText[ik] == '{' then
```

```
      S.Push(strText[ik])
    elseif S.IsEmpty() then
      return false
    else  //verificar o no que sea ')', ']' o '}'
      S.Pop()
    end
  end
  return S.IsEmpty()
end
String strText = "{()()[]}"
if Parenthesis(strText, 8) then
  Print("Correcto")
end
```

La estructura de la pila garantiza que si no está vacía al final del algoritmo entonces no están colocados los paréntesis correctamente. Del mismo modo, si la pila llega a estar vacía antes de finalizar, entonces tampoco es incorrecto también.

3.3.2   Notación PostFija

La notación postfija o notación polaca inversa (*Reverse Polish Notation* - RPN) es un método algebraico alternativo de representación de datos de entrada. En la RPN cada operador está antes de sus operandos, por ejemplo 3 4 + representa 3 + 4.

```
function IsDigit(Char cValue) : Boolean
  return (cValue >= '0' and cValue <= '9')
end

function Char2Int(Char cValue) : Integer
  return cValue - '0'
end

function Compute(Integer iOp1, iOp2, Char cOp) : Integer
  if cOp == '+' then
    return iOp1 + iOp2
  elseif cOp == '-' then
    return iOp1 - iOp2
  elseif cOp == '*' then
    return iOp1 * iOp2
  elseif cOp == '/' then
    return iOp1 / iOp2    //iOp2 must be != 0
end

function RPN(String strExp, Integer iN) : Integer //Reverse Polish Notation
  Integer iOp1, iOp2
  Stack<Integer> S
  for Integer iK = 1 to iN do
    if IsDigit(strExp[iK]) then
      S.Push(Char2Int(strExp[iK]))
    else
      iOp1 = S.Top()
      S.Pop()
      iOp2 = S.Top()
      S.Pop()
      S.Push(Compute(iOp1, iOp2, strExp[iK]))
    end
  end
  return S.Top()
end

Print (RPN("59+2*", 5))   //output: 28
```

3.3.3 Invertir Pila

Utilizando únicamente las primitivas de la clase Stack, la idea es invertirla **sin utilizar** estructuras auxiliares. Este problema se basa en el hecho de aprovechar que las invocaciones recursivas se comportan como una pila de estados y permiten guardar en cada estado, una serie de variables.

```
void InsertEnd(ref Stack<Integer> S, Integer iValue)
  if S.IsEmpty() then
    S.Push(iValue)
  else
    Integer iTop = S.Top()
    S.Pop()
    InsertEnd(ref S, iValue)
    S.Push(iTop)
  end
end

void Reverse(ref Stack<Integer> S)
  if not S.IsEmpty() then
    Integer iTop = S.Top()
    S.Pop()
    Reverse(ref S)
    InsertEnd(ref S, iTop)
  end
end

void PrintStack(Stack S)
  while not S.IsEmpty() do
    Print (S.Top())
    S.Pop()
  end
end

Stack<Integer> sValues
fillWithSomeValues (ref sValues)  //asignarle valores
PrintStack(sValues)   //i.e. 8 6 3 5 2 7 0
Reverse(ref sValues)
PrintStack(sValues)   //i.e. 0 7 2 5 3 6 8
```

3.4 Recursión

Es posible emplear una estructura de pila para simular los ambientes de programas recursivos (recursión simple/ múltiple/ anidada/ indirecta). La idea consiste en apilar los resultados obtenidos en un ambiente, para luego combinarlos (extracción del tope) con una operación actual en cierto estado recursivo. De esta forma, es posible simular un algoritmo recursivo de forma iterativa empleando una pila para almacenar los resultados de cada ambiente "recursivo".

Veamos un ejemplo simple con la función Factorial:

Versión Iterativa

Su versión clásica iterativa sirve como guía.

```
function Factorial(Integer iN) : Integer
  Integer iResult = 0
  if iN <= 1 then
    return 1
  else
    iResult = Factorial (n - 1)
    return iResult * n
  end
end
```

Versión que simula la recursión

Una forma de simularla es añadiendo todos los valores y con los valores, ir extrayéndolos uno a uno y calcular el valor del factorial.

```
function Factorial(Integer iN) : Integer
    Integer iResult = 1
    Stack <Integer> S
    while iN > 1 do
        S.Push(iN)
        iN = iN - 1
    end
    iResult = 1
    while (not S.IsEmpty()) do
        iResult = iResult * S.Top()
        P.Pop()
    end
end
```

Otra forma de plantear la recursión con pila del mismo ejemplo es insertar solo el primer elemento antes de iniciar un ciclo en donde mientras no sea vacío calcular el valor deseado. Luego, si aún quedan datos por procesar, volver a apilar y se repite el proceso:

```
function Factorial(Integer iN) : Integer
    Integer iResult = 1
    Stack <Integer> S
    S.Push(iN)
    iN = iN - 1
    while (not S.IsEmpty()) do
        iResult = iResult * S.Top()
        S.Top()
        if (iN >= 1) then
            S.push(iN)
            iN = iN - 1
        end
    end
    return iResult
end
```

4 Tipo Queue

Es una estructura de datos representada como una lista ordenada donde el acceso a sus elementos se realiza desde un extremo de ésta. Una cola sigue el esquema FIFO (*first in first out*) donde el primer elemento en ser agregado será el primero en ser removido o tratado para almacenar y recuperar datos. En una cola existe la definición de *back* (por donde se insertan los elementos) y *front* (por donde se extraen). El proceso de añadir un elemento se conoce como encolar (queue) y el proceso inverso desencolar (dequeue). En muchos problemas se utilizan colas: cola en una taquilla, cola de impresión, cola de transacciones bancarias en software, cola de autos, etc.

La Fig. 19 muestra la forma del tipo Queue donde se aprecia el Back (por donde se insertan los elementos) y Front (por donde se extraen los elementos).

4.1 Especificación

```
class Queue <T>
public:
```

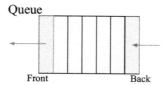

Figura 19: Representación gráfica del tipo Queue.

```
Constructor Queue() // construye la cola vacía
Destructor Queue() // destruye la cola

function IsEmpty() : Boolean // indica si la cola está vacía o no
void Enqueue(ref T x)  // agrega el elemento x al final de la cola
void Dequeue()    // elimina el elemento que está primero en la cola
function Size() : Integer  // devuelve el \# de elementos de la cola
function Head() : T  // retorna la información del primer elemento de la cola
end
```

La especificación del tipo Queue es muy simple y cuenta con las funciones de Enqueue, Dequeue y Head las cuales permiten que opere con el esquema FIFO.

4.2 Implementación

Al igual que la clase Stack, es posible implementar la clase Queue como una clase que hereda de List o con apuntadores simples.

Implementación reutilizando la clase List Empleando el mecanismo de herencia, se puede implementar una pila basado en superclase lista que implemente todas las operaciones del tipo Queue empleando herencia simple.

```
class Queue <T> inherited List <T>
public:
  Constructor Queue() // se construye la cola vacía

  Destructor Queue () // se destruye la cola

  function IsEmpty() : Boolean  // la cola está vacía si la lista (superclase) lo está
    return List<T>::IsEmpty()
  end

  void Enqueue (ref T x) // se inserta el elemento al final de la cola
    Insert(x, Last())
  end

  void Dequeue()  // se elimina el que está de primero
    Delete (First())
  end

  function Size() : Integer // el tamaño de la pila se reduce a saber el tamaño de la lista
    return List<T>::Size()
  end

  function Head() : T // se accede al primer elemento de la cola (el elemento atendido)
    return Get (*First())
  end
end
```

81

Implementación con apuntadores En este caso, se realiza la implementación directamente con apuntadores al tipo Node.

```
class Node <T>
public:
  T tInfo
  Node<T>* pNext
end

class Queue <T>
private:
  Node<T>* pFirst
  Node<T>* pLast
  Integer iN

public:
  Constructor Queue()
    iN = 0
    pFirst = pLast = NIL
  end

  Destructor Queue ()
    Node<T>* pTemp
    while pFirst != NIL do
      pTemp = pFirst
      pFirst = *pFirst.pNext
      delete pTemp
    end
  end

  function IsEmpty() : Boolean
    return iN == 0
  end

  void Enqueue (ref T x)
    Node<T>* pNew = new Node
    *pNew.tInfo = *x
    *pNew.pNext = NULL
    if pFirst == NULL then
      pFirst = pNew
    else
      *pLast.pNext = pNew
    end
    pLast = pNew
    iN = iN + 1
  end

  void Dequeue()
    Node<T>* pTemp = pFirst
    pFirst = *pFirst.pNext
    delete pTemp
    iN = iN - 1
    if pFirst == NULL then
      pLast = NULL
    end
  end

  function Size() : Integer
    return iN
  end

  function Head() : T
    return *pFirst.tInfo
  end
end
```

5 Otras estructuras

Existen diversas estructuras de datos en la literatura para el uso en programas computacionales, a continuación se describen algunas de ellas.

5.1 Tipo Double-ended Queue

Una estructura de cola doblemente terminada, o abreviada como deque (double-ended queue) y a veces llamada lista enlazada cabeza-cola, es una generalización de cola donde los elementos pueden ser insertados o removidos por delante (head) o por detrás (tail). Esta estructura de datos puede contener restricciones en las operaciones de insertar/borrar. De hecho, la estructura cola y pila derivan de estas restricciones.

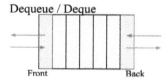

Figura 20: epresentación gráfica del tipo Deque.

Las operaciones de la estructura deque son: insertar un elemento por detrás, insertar un elemento por delante, eliminar el último elemento, eliminar el primer elemento, extraer/procesar el primer/último elemento.

La implementación común de una estructura deque es empleando una arreglo dinámico (arrays deques) y una lista doblemente enlazada.

5.2 Tipo Priority Queue

Una cola de prioridad (*priority queue*) es una estructura de datos muy similar a una lista pero cada elemento tiene una prioridad asociada. En una cola de prioridad, el elemento con más alta prioridad es manejado/procesado antes que un elemento de prioridad baja. Si existen dos elementos con prioridades iguales, entonces se procesa de acuerdo al orden de la cola.

Una implementación usual es con un heap (ver sección 7, parte VI) donde se permite extraer el elemento de mayor prioridad en $O(1)$.

5.3 Tipo Associative Array

Es una estructura de datos que almacena un par clave-valor (*key-value*), donde la clave representa un identificador (generalmente único) y el valor consiste en el dato a almacenar. También se conoce como map, tabla de símbolos ó diccionario. Un arreglo asociativo se considera una colección donde siempre se añaden y remueven elementos del tipo clave-valor. Igualmente, es posible modificar el valor de un elemento de la colección dada la clave. Así, existe una forma de direccionamiento de una posición de la colección dada una clave (lookup).

Una implementación usual es con una tabla hash[6] ya que permite una correspondencia (*mapping*) entre valores y claves.

La utilidad de estructuras de arreglos asociativos deriva básicamente en el almacenamiento de datos basados en operaciones de búsqueda, eliminación e inserción. Las operaciones comunes en este tipo de estructura son:

- Insert: Agrega un par (key, value) a la colección, realizando una asociación de la clave con su valor asociado. Los parámetros de está función son key y value.

- Modify: Reemplaza el valor de uno de los pares (key,value) existentes en la colección, cambiando el valor almacenado en cierto key. Los parámetros de está función son key y value.

- Delete: Elimina el valor de uno de los pares (key,value) existentes en la colección. Solo requiere el parámetro key.

- Lookup: Busca el valor (si existe) que está asociado a cierto valor de key. El parámetro de está función es el valor de key y retorna value. Si no se encuentra un valor asociado, entonces deber retornar un valor que indique nulo (o una excepción).

- Size: Retorna el número de elementos almacenados en la colección

Generalmente, la implementación en diversos lenguajes de programación de esta estructura de datos se conoce como map o hash. Un ejemplo de arreglos asociativos se puede observar en una empresa de alquiler de autos:

```
{"Ford BRD052" : "Luis Martinelli"}
{"Volkswagen AFV867" : "Luis Martinelli"}
{"Ford AAR309" : "Luisa Martinelli"}
```

Existe otra estructura de datos que representa una generalización del arreglo asociativo llamada multimap o multihash y permite que sea asociado más de un valor para una clave dada.

5.4   Tipo Set

Un conjunto (set) es un tipo de dato que almacena valores sin un orden en particular sin repetición. Un set es la implementación matemática de un conjunto finito considerando sus operaciones (unión, intersección, diferencia y subconjunto). Del mismo modo, la estructura de datos conjunto puede ser estática (inmutable) o dinámica (mutable). La primera de éstas permite hacer consultas para un valor dado y determinar si pertenecen o no a un conjunto. La segunda permite las mismas operaciones que la estática añadiendo inserción y eliminación.

Un conjunto puede ser de cualquier tipo de dato e implementado de forma contigua en memoria (arreglos) o de forma dispersa (apuntadores). Las operaciones básicas de una estructura conjunto se pueden resumir en: isEmpty, size, insert, delete, add y elementOf. Existe una estructura de datos llamada multiset o bag la cual es una generalización del tipo set. La diferencia radica en que permite repetir valores. De esta forma, es posible considerar dos elementos iguales como un solo elemento y manteniendo un contador de dicho elemento ó considerados equivalentes y almacenarlos de forma distinta y única. Dependiendo de la implementación de conjunto, se pueden establecer relaciones de equivalencia dentro de los conjuntos.

---

[6]Un hash table emplea una función de hash para calcular el índice dentro de un arreglo de buckets o slots desde donde puede ser ubicado/almacenado cada elemento.

6 Ideas Finales

- La estructura dinámica ofrece una ventaja sobre las estructuras estáticas porque permite expandir o reducir en tiempo de ejecución el número y tamaño que ocupan sus elementos

- Las operaciones que se realizan sobre los tipos de datos dinámicos resultan más complejos que su contraparte estática

- Básicamente, el tipo List, Stack, Queue y sus derivados ofrecen un orden entre sus elementos tal que imponen restricciones de cómo acceder, insertar o eliminar dichos valores

- De forma general, es posible implementar diversas estructuras de datos basados en el tipo List. Adicionalmente, el uso de apuntadores ofrece una flexibilidad que se puede adecuar al problema a resolver

7 Problemas

1. Las listas enlazadas son por definición estructuras de datos homogéneas (es decir, todos sus nodos almacenan elementos del mismo tipo y estructura). ¿Eso es totalmente cierto?, es decir, ¿Sería posible tener una lista que almacene elementos diferentes en cada uno de sus nodos (tanto en tipo como en estructura)? Justifique su respuesta

2. Implemente una lista basada en arreglos que simule una lista circular de caracteres con n posiciones y dados dos enteros m e i, imprima m valores a partir de la posición i.

3. Dada un tipo Sparse Matrix M, elabore un algoritmo que imprima los elementos de la diagonal principal si estos están presentes

4. Dada una pila, se desea conocer el promedio de los elementos que ella almacena. Como restricción la pila puede ser recorrida una sola vez.

5. ¿Cuál sería la utilidad de una cola que contenga el método BeTheFirst, que permite colocar un elemento al inicio de la cola?

6. Una cola medieval se comporta como una cola ordinaria, con la única diferencia de que los elementos almacenados en ella se dividen en dos grupos: nobles y plebeyos. Dentro de cada grupo, los elementos deben ser atendidos en orden de llegada; pero siempre que haya nobles en la cola, estos deben ser atendidos antes que los plebeyos. Implemente una cola medieval heredando de una cola normal, pero sobrescribiendo el método Enqueue.

7. Diseñe un algoritmo que, dado el esquema de prelación de las materias de la carrera Computación y el código de una materia, imprima un listado con todas las asignaturas que tengan prelación a una materia dada, en orden cronológico

Parte VI
Árboles

Una vez estudiada las estructuras de datos lineales como pilas y colas y con experiencia en recursión, estudiaremos el tipo de dato llamado Tree (árbol). Los árboles son empleados en muchas áreas de las Ciencias de la Computación, que se incluyen sistemas operativos, gráficos, sistemas de base de datos, y redes de computadoras. Las estructuras de datos Tree tiene mucho en común con su equivalente en botánica. Un tree tiene raíz, ramas y hojas. La principal diferencia radica en que la raíz se encuentra en la parte superior y las hojas en la parte inferior.

Conceptualmente, el árbol es una estructura de datos jerárquica que puede ser definida recursivamente como una colección de nodos, y cada nodo tiene un valor junto con una lista que referencia a un conjunto de nodos. Del mismo modo, los árboles tienen como restricción que no existen elementos duplicados y ningún elemento apunta a la raíz. Pueden existir árboles vacíos y conjuntos de árboles (llamados bosques).

Un ejemplo se puede ver a continuación:

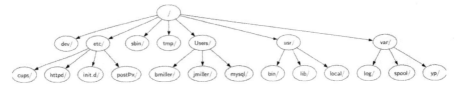

Figura 21: El árbol representa el sistema de archivos en Unix. En un sistema de archivos existen archivos y directorios como una estructura de árbol.

Nótese que empezando desde la raíz, se puede recorrer hasta la parte inferior del árbol en un único camino. Igualmente, se puede ver que todos los hijos de un nodo son independientes de los hijos de otro nodo. Así, cada nodo de la parte inferior (nodo hoja) es único, es decir, existe un solo camino para llegar a éste.

Como es sabido, es posible mover un directorio completo de un lugar del sistema de archivos a otros. Cuando se realiza este proceso, todos los hijos asociados q dicho nodo se moverán (a este conjunto de nodos se denomina subárbol). Por ejemplo, es posible mover el subárbol que empieza en /etc/ (quitarlo del nodo /) y colocarlo por debajo de /usr. Así, la ruta de acceso a http cambiará, quedando /usr/etc/http/ sin afectar el contenido o a cualquier directorio hijo de http.

Otro ejemplo basado en un sistema de árbol es una página Web escrita en HTML. Para el siguiente código en HTML:

```
<html xmlns="http://www.w3.org/1999/xhtml"
     xml:lang="en" lang="en">
<head>
    <meta http-equiv="Content-Type"
         content="text/html; charset=utf-8" />
    <title>Premio Nobel</title>
</head>
<body>
```

86

```
<h1>Los candidatos al premio son:</h1>
<ul>
    <li>Homer J. Simpson</li>
    <li>Peter Griffin</li>
</ul>
<h2><a href="http://www.fakepage.org/voting">Consultar las votaciones</a></h2>
</body>
</html>
```

Su árbol asociado se muestra en la Fig. 22.

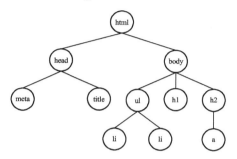

Figura 22: Representación en forma de árbol del ejemplo de código en HTML.

1 Definiciones

Formalmente, un árbol es un grafo conexo acíclico cuyos nodos se relacionan mediante una jerarquía.

En su implementación, un árbol de tipo T es una estructura homogénea producto de la concatenación de un elemento de tipo T junto con un número finito de árboles disjuntos (subárboles). Una forma particular de un árbol es una estructura vacía. Un árbol puede ser representado por una estructura estática (arreglos/registros/clases) ó dinámica (apuntadores/listas).

De forma recursiva, un árbol es una colección de nodos $T_1, T_2, \ldots, T_k$ del mismo tipo tal que:

- Si $k == 0$, entonces el árbol es vacío

- Si $k > 0$, entonces existe un nodo especial llamado raíz (generalmente el primero de la definición, i.e. T_1) y los demás nodos forman parte de $n \geq 0$ conjuntos disjuntos que a su vez son árboles. Estos árboles se denominan subárboles del nodo raíz

Conceptos asociados en la estructura Tree

Nodo - Es la parte fundamental del árbol. Es posible que contenga un identificador (llamado key) e información adicional (*payload*)

Enlace– Algunas veces llamadas ramas, es otra parte fundamental del árbol, un enlace conecta dos nodos y muestra la relación que existe entre éstos. Cada nodo, con excepción de la raíz, está conectado con exactamente un enlace entrante desde otro nodo. Cada nodo puede tener muchos enlaces salientes

Raíz – La raíz de un árbol es el único nodo del árbol que no tiene enlaces entrantes. Por ejemplo, el nodo *html*

Hijos – El conjunto de nodos *c* que tienen enlaces entrantes desde un mismo nodo *n* se denominan hijos de *n*. Por ejemplo, los nodos *meta* y *title* son hijos del nodo *head*.

Padre – El concepto inverso a Hijo.

Hermanos – Nodos con el mismo padre.

Camino – Un camino es una lista ordenada de nodos conectadas por enlaces. Por ejemplo *html* → *body* → *h1*

Longitud de un camino – Es el número de veces que se debe aplicar la relación padre-hijos entre dos nodos que forman un camino

Descendiente – Un nodo alcanzable por un proceso repetitivo empleando los enlaces desde padres a sus hijos (un camino).

Ancestro - A veces llamado antecesor, es un nodo alcanzable por un proceso repetitivo empleando los enlaces desde los hijos a sus padres (un camino)

Subárbol – Un subárbol es un conjunto de nodos y enlaces formados por un padre y todos los descendientes de ese padre.

Nodo Hoja – También llamado nodo terminal ó externo. Es un nodo que no tiene hijos.

Nodo Interno – También llamado nodo no-terminal. Es un nodo con al menos un hijo (no es hoja).

Grado – Es el número de subárboles de un nodo.

Grado de un árbol – Es el máximo grado de todos los nodos del árbol, i.e. la cantidad máxima de hijos que soporta cada nodo

Nivel – Es la longitud del camino desde la raíz hasta un nodo. Si un árbol solo contiene la raíz, su nivel es 0.

Altura – La altura de un árbol se cuenta como el número de enlaces desde el nodo raíz hasta la hoja más lejana, es decir, el máximo nivel de cualquier nodo en el árbol.

Profundidad – La longitud máxima del camino desde un nodo a cualquier de sus descendientes.

Peso – El peso de un árbol se refiere al número de nodos que contiene el árbol.

Bosque – Un bosque es un conjunto de $n \geq 0$ árboles disjuntos

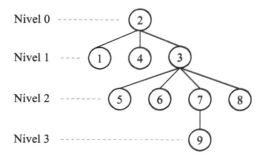

Nivel 0

Nivel 1

Nivel 2

Nivel 3

Figura 23: Ejemplo de un árbol general de grado 4 (cuaternario) y altura 3.

2 General Tree

Una estructura General Tree o árbol general T es un conjunto finito de uno o más nodos donde existe un nodo designado r llamado raíz de T, y los nodos restantes son particionados en $n \geq 0$ conjuntos disjuntos $T_1, T_2, \ldots, T_k$ donde cada uno es un árbol y cuyas raíces $r_1, r_2, \ldots, r_k$ son hijos de r. En la Fig. 23 se muestra un ejemplo de árbol general de altura 3, grado 4, peso 9, con nodo raíz 2, conteniendo 6 hojas/nodos externos/nodos terminales y 3 nodos internos/no-terminales.

Nótese que el árbol general de grado g puede desde 0 hijos (nodo terminal) a g hijos (nodo no-terminal) para cada nodo.

2.1 Especificación

Se muestra a continuación la especificación de la clase GenTree que representa a un árbol general.

```
class GenTree <T>
public:
   Constructor GenTree()      //crea un árbol vacío
   Destructor GenTree()       //destruye el árbol
   function GetRoot () : Node  //retorna el nodo correspondiente a la raíz
   function GetChild (Node idNode) : Node  //retorna el nodo del 1er hijo de idNode (según ↩
      convención, el más a la izq)
   function GetRBrother(Node idNode) : Node  //retorna la raíz del 1er subárbol a la der de ↩
      idNode con el mismo padre
   function ExistRBrother(Node idNode) : Boolean  //indica si tiene hermano derecho
   function GetValue(Node idNode) : T  //retorna el contenido del nodo idNode
   function GetParent(Node idNode) : Node  //retorna el padre de idNode
   function isLeaf(Node idNode) : Boolean  //retorna verdad/falso si idNode es hoja
   function isEmpty() : Boolean  //retorna verdad/falso si el árbol no contiene nodos
   function Insert(Node idNode)  //inserta el nodo idNode al árbol (no se especifica dónde)
   function Delete(Node idNode)  //elimina el nodo idNode del árbol
end
```

Un ejemplo para el cálculo del nivel en un GenTree es como sigue:

```
function Level(Node<T> idNode) : Integer
   Integer iLevel = 0
   Node<T> nTemp = idNode
   while nTemp != EMPTY do
```

89

```
   nTemp = GetParent(nTemp)
   iLevel = iLevel + 1
 end
 return iLevel
end
```

Dado que no se conoce la implementación aún del árbol general, se emplea idNode el cual representa un identificador de un nodo del árbol. La idea es algoritmo es ir subiendo hasta la raíz (usando el padre) e ir contando hasta que no se pueda más (nodo raíz). Nótese que si se invoca la función con el nodo más "profundo" (el de mayor nivel) es equivalente a la altura del árbol.

2.2 Implementación

Para la implementación del tipo GenTree se requiere de una estructura tipo Node que almacene el valor de la información del árbol (el tipo T) e información de los hijos de dicho nodo. Es importante destacar que cada nodo representa a un árbol, o subárbol, por lo que tiene 0 o más hijos. Una primera implementación se puede definir como un arreglo de punteros al tipo Node.

```
class Node<T>
public:
  T tInfo
  Array aChild of Node<T>* [1..N]
end

class GenTree<T>
private:
  Node<T>* pRoot
public:
  ... //the public functions
end
```

En dicha implementación, se requiere definir el número máximo de hijos que puede tener un nodo. Es decir, si se conoce el grado del árbol, entonces el número máximo de dicho árbol corresponde con el grado del árbol. Sin embargo, es posible que en un momento dado una gran parte de los nodos tenga un número de nodos menor al grado del árbol, implicando que se desperdicie memoria en dicha implementación. Así, una mejor implementación requiere solo crear/reservar espacio en memoria de los nodos que son creados. Para ello, una implementación en donde los hijos de un nodo se construyen como una lista basada en apuntadores resulta eficiente. A continuación se muestra un ejemplo de ello.

```
class Node<T>
public:
  T tInfo
  List<T> L
end

class GenTree<T>
private:
  Node<T>* pRoot
public:
  ... //the public functions
end
```

2.3 Recorridos

El proceso de recorrido de un árbol consiste en visitar/recorrer/consultar o realizar una acción en cada nodo tal que no modifique la estructura del árbol (e.g. imprimir, contar, comparar). Esta visita se realiza bajo cierto orden y la acción se efectúa una sola vez por nodo. Básicamente se pueden definir dos recorridos para árboles generales: preorder o postorder.

El recorrido en preorder consiste en recorrer primeramente el nodo raíz, y luego los nodos que contienen a los hijos desde el nodo más a la izquierda hasta el nodo más a la derecha. El recorrido postorder primero recorre los nodos hijos de derecha a izquierda y luego el nodo raíz.

En el ejemplo mostrado en la Fig. 23 sus respectivos recorridos son:

Preorder: 2, 1, 4, 3, 5, 6, 7, 9, 8

Postorder: 1, 4, 5, 6, 9, 7, 8, 3, 2

3 Binary Tree - BT

Es posible representar diversos comportamientos empleando decisiones de aceptar/rechazar, si/no, fuera/dentro, etc. En Ciencias de la Computación, se suele emplear estructuras de datos que permitan manejar dichos comportamientos para solucionar diversos problemas. Por ejemplo, el lanzamiento de una moneda (i.e. moneda ideal) solo tiene dos posibilidades: cara (H) o sello (T). Así, el evento de lanzamiento de una moneda se puede representar como un árbol de decisión. Por ejemplo el lanzamiento de una moneda se puede representar gráficamente como se muestra en la Fig. 24

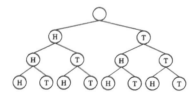

Figura 24: Ejemplo del lanzamiento de una moneda 3 veces seguidas.

Por cada lanzamiento es posible obtener H o T, entonces partiendo desde la raíz se muestran las 8 posibles combinaciones (de izquierda a derecha): HHT, HHT, HTH, HTT, THH, THT, TTH y TTT.

3.1 Definiciones

En la teoría de árboles, un árbol es llamado k-ario si cada nodo contiene como máximo k hijos. Un caso particular es el árbol binario donde $k = 2$. Si todos los nodos del árbol, a excepción de las hojas, posee exactamente k hijos entonces dicho árbol es completo.

3.2 Recorridos

Un recorrido en un árbol binario implica recorrer todos sus nodos de forma sistemática y asegurando que se aplica una operación sobre cada uno de éstos solo una vez. Existen tres tipos básicos de recorridos: Preorder, Inorder (también llamado Simétrico), y Postorder.

El recorrido preorder (pre-orden) consiste en visitar/evaluar el nodo raíz del árbol o subárbol, luego su subárbol izquierdo y finalmente su subárbol derecho. Claramente, el proceso de visitar/evaluar los subárboles consiste en aplicar la misma operación mientras el nodo no sea nulo o vacío. Una posible implementación es:

```
void Preorder (IdNode root)
  if root == EMPTY then
    Visit (root)
    Preorder (Left(root))
    Preorder (Right(root))
  end
end
```

El recorrido inorder (in-orden o simétrico) consiste en visitar/evaluar primero el subárbol izquierdo del nodo, luego el valor del nodo raíz del árbol o subárbol, y finalmente su subárbol derecho. Al igual que el recorrido en preorder, el proceso de visitar/evaluar los subárboles consiste en aplicar la misma operación mientras el nodo no sea nulo o vacío. Una posible implementación es:

```
void Inorder (IdNode root)
  if root == EMPTY then
    Inorder (Left(root))
    Visit (root)
    Inorder (Right(root))
  end
end
```

El recorrido postorder (post-orden) consiste en visitar/evaluar primero los subárboles izquierdo y derecho del nodo (en ese orden) y luego el valor del nodo raíz del árbol o subárbol. Al igual que los recorridos anteriores el proceso de visitar/evaluar los subárboles consiste en aplicar la misma operación mientras el nodo no sea nulo o vacío. Una posible implementación es:

```
void Postorder (IdNode root)
  if root == EMPTY then
    Postorder (Left(root))
    Postorder (Right(root))
    Visit (root)
  end
end
```

En la Fig. 25 se observa un ejemplo de árbol binario para representar una expresión aritmética. Al ejecutar los 3 recorridos sobre el árbol queda:

Preorder: + - A * B C D (expresión prefija)

Inorder: A - B * C + D (expresión infija)

Postorder: + - A * B C D (expresión postfija)

Adicionalmente, existe otro recorrido llamado por niveles (*level order*) que consiste en evaluar los nodos de izquierda a derecha empezando desde el nivel 0 del árbol hasta alcanzar su altura. Para el caso de la Fig. 25 el recorrido por niveles es: + - D A * B C.

Del mismo modo, es posible aplicar los recorridos antes mencionados de forma inversa. Por ejemplo, el recorrido inorder es LVR (Left-Value-Right) y el recorrido inorder inverso es RVL (Right-Value-Left).

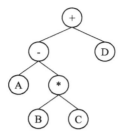

Figura 25: Ejemplo de la representación de un BST para almacenar expresiones aritméticas.

3.3 Implementación

Implementación basada en arreglos La implementación de un BST empleando arreglos debe conocer el número máximo de nodos o estimarlo (estática o dinámica) tal que en cada posición se almacene un nodo. La idea es almacenar los hijos izquierdo y derecho, en ese orden, de un nodo k en las posiciones $2 \times k + 1$ y $2 \times k + 2$ respectivamente. En la Fig. 26 se muestra un ejemplo de la implementación basada en arreglos.

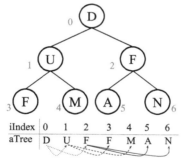

Figura 26: Representación de un árbol completo del tipo Char almacenado dentro de un arreglo.

El árbol $aTree$ tiene 7 nodos con de altura 2, y la variable iIndex representa su posición a ser almacenada en dicho arreglo. La numeración es de arriba hacia abajo y de izquierda a derecha.

Esta representación es muy buena para árboles completos, pero muy mala para árboles degenerados.

Implementación basada en apuntadores La idea detrás de la implementación de un árbol binario basado en apuntadores es la creación de un nodo que contenga un puntero al hijo izquierdo, al hijo derecho y a la información/datos a almacenar. El puntero a la raíz apunta al nodo más arriba en el árbol. Los punteros derecho e izquierdo apuntan recursivamente a cada subárbol de

93

cada lado, tal como se muestra en la figura 27. Se puede observar que en la raíz está el valor de 500 y como hijo derecho al subárbol cuyo nodo raíz contiene al valor 569, y como hijo izquierdo el nodo (subárbol) que contiene el valor de 300. Los nodos hoja tienen los punteros a ambos hijos a nulo.

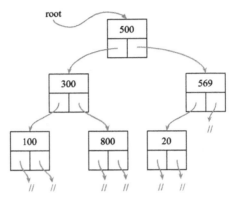

Figura 27: Representación de un árbol empleando apuntadores. Cada nodo contiene un apuntador a su hijo derecho e izquierdo.

Así es posible definir un árbol binario como una estructura formada por un nodo vacío o por un nodo simple donde los punteros izquierdo y derecho apuntan a un árbol binario. Entonces, solamente con una variable del tipo Node es posible construir el árbol. Su definición es:

```
class Node<T>
public:
  T tInfo
  Node<T>* pLeft
  Node<T>* pRight
end
```

En los lenguajes de programación que tienen soporte a apuntadores el valor de éstos pueden estar inicializados con NIL al momento de su creación o en caso contrario se le debe asignar dicho valor. Así, es posible construir una clase un poco más "segura" y en el enfoque orientado a objetos (*mutators* y *observers*) como:

```
class Node<T>
private:
  T tInfo
  Node<T>* pLeft
  Node<T>* pRight
public:
  Constructor Node()
    pLeft = NIL
    pRight = NIL
  end

  Constructor Node(T value)
```

```
    tInfo = value
end

Constructor Node(Node<T>* pRight, pLeft, T tInfo)
  this.pLeft = pLeft
  this.pRight = pRight
  this.tInfo = tInfo
end

Destructor Node()
  if pLeft != NULL then
    delete pLeft
  end
  if pRight != NULL then
    delete pRight
  end
end

void setRightChild(Node<T>* pRight)
  this.pRight = pRight
end

void setLeftChild(Node<T>* pLeft)
  this.pLeft = pLeft
end

void setInfo(T tInfo)
  this.tInfo = tInfo
end

Node<T>* getRightChild()
  return pRight
end

Node<T>* getLeftChild()
  return pLeft
end

void getInfo(T tInfo)
  return tInfo
end

end
```

3.4 Algoritmos

A continuación se presentan una serie de algoritmos sencillos empleando árboles binarios.

3.4.1 Contar el número de nodos

Dado un árbol binario, determinar el número de nodos (su peso) que contiene. Para ello, el algoritmo planteado es muy simple basado en la idea que:

1. Si el árbol está vacío, contiene 0 nodos

2. Si el árbol no está vacío, contiene 1 nodo (el actual) más la cantidad de nodos que contenga su subárbol derecho y su subárbol izquierdo

El algoritmo se puede escribir como sigue:

```
function Count (Node<T>* pNode) : Integer
  if pNode == NIL then
    return 0
```

```
    else
        return 1 + Count(*pNode.pRight) + Count(*pNode.pLeft)
    end
end
```

La función retorna el número de nodos del árbol, o siendo equivalente, la cantidad de nodos que no fueron NIL.

3.4.2 Buscar el elemento mínimo

El problema de buscar el elemento mínimo consiste en encontrar el nodo con el valor de $tInfo$ mínimo. Dependiendo del tipo de dato de $tInfo$, para realizar este algoritmo se debe garantiza que exista la función de comparación "menor que".

Para este problema, se crean 2 funciones adicionales: una para obtener el mínimo entre dos valores, y otra para determinar si un nodo es hoja o terminal. Asumiendo que el tipo de dato del árbol es del tipo Integer, se puede escribir el algoritmo como sigue:

```
function Min(Integer a, Integer b) : Integer
    if a > b the
        return b
    end
    return a
end

function isLeaf(Node<Integer>* pNode) : Boolean
    return *pNode.pRight == NIL and *pNode.pLeft
end

function Min (Node<Integer>* pNode) : Integer
    if isLeaf(pNode) then
        return *pNode.tInfo
    else
        return Min(*pNode.tInfo, Min(Min(*pNode.pRight), Min(*pNode.pLeft)))
    end
end
```

Es importante destacar que debido al polimorfismo, es posible tener dos funciones de nombre Min pero que ambas tienen parámetros distintos.

Así, la idea del algoritmo es básicamente obtener el valor mínimo entre el nodo actual (nodo no-terminal) y el valor mínimo de su subárbol derecho e izquierdo. La unidad mínima de un subárbol es cuando contiene un solo nodo, es decir, cuando es un nodo hoja.

3.4.3 Calcular la profundidad

Como se define en la sección 1, la profundidad es La longitud máxima del camino desde un nodo a cualquier de sus descendientes. Entonces, el algoritmo se en la idea de calcular la profundidad máxima entre el hijo derecho e hijo izquierdo. Entonces, el valor de la profundidad se define como el número de invocaciones recursivas empleando la relación de jerarquía hasta que se llegue a un nodo vacío (i.e. NIL).

```
function MaxDepth (Node<T>* pNode) : Integer
    if pNode == NIL then
        return 0
    else
        Integer iLDepth = MaxDepth(*pNode.pLeft)
        Integer iRDepth = MaxDepth(*pNode.pRight)
        if iLDepth > iRDepth then
```

```
      return iLDepth + 1
   else
      return iRDepth + 1
   end
end
```

En vez de utilizar el condicional, es posible implementar una función Max que determine el máximo valor entre dos números.

3.4.4 Árboles binarios iguales

Determinar que dos árboles binarios son exactamente igual, en cuanto a valores y su estructura, es decir, que cada nodo tenga el mismo número de hijos/enlace en cada uno de sus niveles. El algoritmo verifica entonces la igualdad del valor de los nodos y la existencia del subárbol derecho e izquierdo para un mismo nodo.

```
function Equals (Node<T>* pNodeA, pNodeB) : Integer
   if pNodeA == NIL and pNodeB == NIL then
      return true
   elseif pNodeA != NIL and pNodeB != NIL then
      return *pNodeA.tInfo == *pNodeB.tInfo and Equals(*pNodeA.pLeft, *pNodeB.pLeft) and Equals(*↩
          pNodeA.pRight, *pNodeB.pRight)
   else
      return false
   end
end
```

Se destaca en el algoritmo que la comparación exacta se logra por el uso del comparador lógico *and*.

3.4.5 Suma de los nodos

Dado un BST de valores del tipo Integer, se quiere construir una función que sume todos los elementos de los nodos y lo retorne. Una posible función es como sigue:

```
function SumAll (Node<Integer>* pNode) : Integer
   if pNode == NIL then
      return 0
   else
      return *pNode.tInfo + SumAll(*pNode.pRight) + SumAll(*pNode.pLeft)
end
```

La función verifica en su caso base si es NIL o no. En la parte recursiva, invoca a la función con los nodos derecho e izquierdo. Ahora, si un nodo del árbol no tiene hijos, o solo tiene hijo derecho, o solo tiene hijo izquierdo entonces cuando se genere el ambiente recursivo habrá de retornar 0 por el caso base (debido a que no aporta en la suma). Este enfoque puede resultar ineficiente debido a que si una de las ramas del nodo es NIL, entonces no es necesario invocar a la función. Por ejemplo, para un árbol completo de altura h se realizarán 2^{h+1} invocaciones que siempre retornarán 0 (i.e. los nodos hojas).

Entonces, sería ideal primero verificar el número de hijos que posee un nodo para no hacer invocaciones que no aporten al cómputo (la suma final). A continuación se muestra una nueva versión donde se toma en cuenta dichos aspectos, siendo más eficientes en solo generar las invocaciones necesarias para el cálculo.

```
function isLeaf(Node<Integer>* pNode) : Boolean
  return *pNode.pRight == NIL and *pNode.pLeft
end

function SumAll (Node<Integer>* pNode) : Integer
  if pNode != NIL then
    if isLeaf(pNode) then
      return *pNode.tInfo
    elseif *pNode.pRight == NIL then
      return *pNode.tInfo + SumAll(*pNode.pLeft)
    elseif *pNode.pLeft == NIL then
      return *pNode.tInfo + SumAll(*pNode.pRight)
    else
      return *pNode.tInfo + SumAll(*pNode.pRight) + SumAll(*pNode.pLeft)
    end
  return 0  //solo se debería invocar si el árbol es vacío
end
```

4 Binary Search Tree - BST

Un tipo Binary Search Tree (BST), árbol binario de búsqueda, es un árbol binario con la característica de que todos los elementos almacenados en el subárbol izquierdo de cualquier nodo k son menores al valor del elemento almacenado en k, y que todos los elementos almacenados en el subárbol derecho de k son mayores que el valor del elemento almacenado en k. La Fig. 28 muestra un ejemplo de dos BST empleando un mismo conjunto de números.

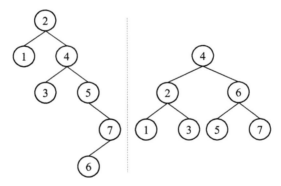

Figura 28: Ejemplo de dos BST para un mismo conjunto de números.

En un BST, para todo nodo existe una clave única que lo identifica, es decir, no hay repeticiones en el valor discriminante para la comparación. Un nodo puede almacenar diversos valores propios de la estructura de datos, pero requiere solo un valor que sirva de clave (key) y pueda ser aplicar el operador de comparación (mayor que, menor que). De esta forma existe una relación de orden total en el tipo asociado al key. Así por definición, para cada nodo las claves de los nodos de su subárbol izquierdo siempre son menores y las del subárbol derecho siempre son mayores.

El recorrido en inorder de un BST produce la secuencia de claves en orden ascendente. Por ejemplo, para los dos árboles de la Fig. 28 se produce la secuencia $1, 2, 3, 4, 5, 6, 7$. Por su lado, el recorrido inorder en reverso produce la secuencia en orden descendente.

La diferencia observada en los árboles del ejemplo se debe a que su forma viene dada por el orden en que aparecen las claves de la secuencia (del 1 al 7) al momento de construir el BST. A pesar de que los árboles tengan las mismas claves y el mismo orden en recorrido inorder, ambos tuvieron una secuencia de inserción distinta. Para el primer árbol (izquierda) el primer valor de la secuencia fue el 2, para el segundo (derecha) el primer valor fue el 4.

4.1 Especificación

Las operaciones de Insert (inserción) y Lookup (búsqueda) en un árbol binario de búsqueda suelen ser rápidas. En promedio, un algoritmo de búsqueda en un árbol binario puede localizar un nodo en un árbol de n nodos en un orden de complejidad de $log(N)$ (logaritmo base 2). Por lo tanto, un BST son estructuras ideales para problemas de **diccionario** donde un código/id es insertado y se busca su información asociada de forma eficiente. El comportamiento logarítmico es para el caso promedio, es posible que para un árbol en particular sea más lento (dependiendo de su forma).

A continuación se muestra una posible especificación para la definición de la clase BST.

```
class Node<T>
public:
  T tInfo //key
  Node<T>* pLeft
  Node<T>* pRight
end

class BST<T>
private:
  Node<T>* pRoot
public:
  Constructor BST()
  Destructor BST()
  function GetRoot() : Node<T> *
  function IsEmpty() : Boolean
  function Lookup(Node<T>* pNode, T tInfo) : Boolean      //puede retornar un Node<T>*
  function Insert (Node<T>* pNode, T tInfo) : Node<T> *   //puede retornar un Boolean
  void Delete(Node<T>* pNode, T tInfo)
end
```

Es posible que la operación de Lookup retorne un tipo $Node < T > *$ en vez de un tipo Boolean (igual con la función Insert). De esa forma permitirá localizar un elemento dentro del BST, o retornar NIL que indica que el elemento no existe.

4.2 Implementación

A continuación se muestra la implementación de la clase BST. Se mostrará las funciones con una breve explicación de cada una.

La implementación inicial de la clase BST consiste en el constructor, destructor, la función que retorna la raíz y verificar si el árbol es vacío o no. Todas estas funciones son muy similares en todas las estructuras dinámicas.

```
class BST<T>
public:

  Constructor BST()
    pRoot = NIL
  end
```

```
Destructor BST()
end

function GetRoot() : Node<T> *
  return pRoot
end

function IsEmpty() : Boolean
  return pRoot == NIL
end
```

Dado un BST y un valor se quiere verificar si dicho valor existe o no en el árbol. El patrón básico de la función Lookup ocurre de forma recursiva (como es usual en los algoritmos de árboles):

1. Tratar con el caso base donde el árbol es vacío

2. Tratar con el nodo actual y emplear la recursión para tratar con sus subárboles

Dado que el árbol es un BST, se tiene un orden que se evalúa mediante operaciones relacionales y decide si trata del árbol derecho o el árbol izquierdo.

```
function Lookup (Node<T>* pNode, T tInfo) : Boolean
  if pNode == NIL then
    return false
  else
    select
      tInfo < *pNode.tInfo: return Lookup (*pNode.pLeft, tInfo)
      tInfo > *pNode.tInfo: return Lookup (*pNode.pRight, tInfo)
      tInfo == *pNode.tInfo: return true
    end
  end
end
```

El proceso de inserción consiste en dado el BST y una clave/información colocarla en el lugar correcto. Se retorna el apuntador de la posición donde fue insertado. Para ello se realizan los siguientes pasos:

- Si el BST es vacío, se crea el nodo raíz del árbol

- Si el BST tenía al menos la raíz, se verifica dónde se debe insertar el nodo nuevo recorriendo el árbol desde la raíz, y descendiendo por la rama izquierda si el valor a insertar es menor o por la derecha si es mayor que el nodo raíz actual en cada invocación recursiva.

- Si la clave/información a insertar ya se encuentra en el árbol se debe verificar de alguna forma (i.e. mensaje de error, retorna NIL, etc). En la implementación mostrada se asume que no habrá claves repetidas pero **no inserta** un nodo nuevo.

- Si la clave/información no existe en el árbol, se crea un nodo nuevo como el paso 1 y se inserta siempre como una hoja hija derecha o izquierda del nodo hallado en el paso 2.

La Fig. 29 muestra de forma gráfica el proceso de insertar los elementos 11, 6, 8, 19, 4, 10, 5, 17 (en ese orden) en un BST.

Es importante destacar que la forma del árbol depende del orden en el cual los nodos son insertados.

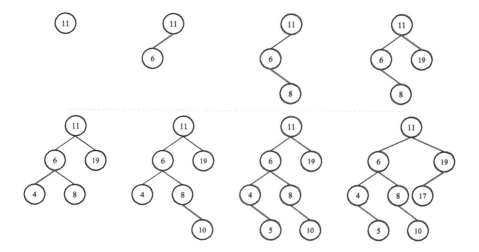

Figura 29: Proceso de inserción de los elementos 11, 6, 8, 19, 4, 10, 5, 17 en un BST.

```
function Insert (Node<T>* pNode, T tInfo) : Node<T> *
  if pNode == NIL then
    Node<T>* pNew = new Node
    *pNew.tInfo = tInfo
    *pNew.pLeft = *pNew.pRight = NIL
    return pNew
  else
    select
      tInfo < *pNode.tInfo:
        *pNode.pLeft = Insert(pNode->pLeft, tInfo)
      tInfo > *pNode.tInfo:
        *pNode.pRight = Insert(pNode->pRight, tInfo)
      tInfo == *pNode.tInfo:
        return pNode    //se asume que no hay claves repetidas en el BST
    end
    return pNode
  end
end
```

Para la operación Delete en un BST se deben considerar 3 casos posibles en cuanto a la ubicación de un nodo:

- El nodo a eliminar es hoja (no tiene hijos): En este caso se elimina el nodo sin mayores problemas.

- El nodo a eliminar tiene solo un hijo o subárbol (izquierdo o derecho): Se reenlaza al padre del nodo a eliminar con el hijo existente.

- El nodo a eliminar tiene dos hijos: En este caso se debe buscar:

  1. El nodo de mayor clave en su subárbol izquierdo. En la Fig. 30 corresponde al segundo árbol, el nodo más a la derecha del subárbol.

101

2. El nodo de menor clave en su subárbol derecho. En la Fig. 30 corresponde al tercer árbol, el nodo más a la izquierda del subárbol. La clave de este nodo se le asigna al nodo parámetro de la función y posteriormente se elimina el nodo.

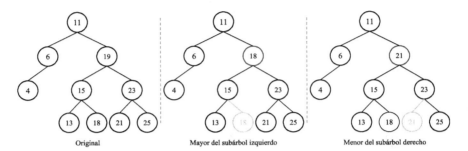

Figura 30: Ejemplo del proceso de eliminación de un nodo en un BST. De izquierda a derecha: árbol original, se elimina el nodo con clave 19 y se busca el mayor de los menores, se elimina el nodo con clave 19 y se busca el menor de los mayores

Como se explicó anteriormente, cuando el nodo a eliminar tiene dos hijos se elimina el menor de mayores (en cuando al valor de su clave) desde dicho nodo, o el mayor de los menores de éste. Para ello se puede emplear la función *DelMax* o *DelMin* mostradas a continuación.

```
void DelMax( ref Node<T>* pNode, ref T tInfo)
  if *pNode.pRight != NIL then
    DelMax( ref *pNode.pRight, ref tInfo)
  else
    Node<T>* pTemp = pNode
    tInfo = *pNode.tInfo
    pNode = *pNode.pLeft
    delete pTemp
  end
end
```

```
void DelMin( ref Node<T>* pNode, ref T tInfo)
  if *pNode.pLeft != NIL then
    DelMin( ref *pNode.pLeft, ref tInfo)
  else
    Node<T>* pTemp = pNode
    tInfo = *pNode.tInfo
    pNode = *pNode.pRight
    delete pTemp
  end
end
```

La operación *Delete* consiste entonces en determinar en cuál caso se encuentra para el nodo a eliminar y **siempre** asegurar que el apuntador al nodo que se va a intercambiar desde su padre no quede con algún valor. Un ejemplo se observa en la Fig. 30 donde en el caso del mayor del subárbol izquierdo, el apuntador al subárbol derecho del nodo con clave 15 **debe** quedar apuntando a un valor de NIL. Igualmente sucede en el caso del menor del subárbol derecho, donde el apuntador del subárbol izquierdo del nodo con clave 23 debe estar en NIL.

Una implementación de dicha operación se muestra a continuación:

```
void Delete(Node<T>* pNode, T tInfo)
  if pNode != NIL then
    select
      tInfo < *pNode.tInfo:
        Delete(*pNode.pLeft, tInfo)
      tInfo > *pNode.tInfo:
        Delete(*pNode.pRight, tInfo)
      tInfo == *pNode.tInfo:
        Node<T>* pTemp = pNode
        select
          *pNode.pLeft == NIL and *pNode.pRight == NIL: //no tiene hijos
            pNode = NIL
            delete pTemp
          *pNode.pLeft == NIL and *pNode.pRight != NIL: //tiene hijo derecho
            pNode = *pNode.pRight
            delete pTemp
          *pNode.pLeft != NIL and *pNode.pRight == NIL: //tiene hijo izquierdo
            pNode = *pNode.pLeft
            delete pTemp
          *pNode.pLeft != NIL and *pNode.pRight != NIL: //tiene ambos hijos
            DelMax(ref pNode, ref *pNode.tInfo)  //o DelMin
            *pNode.tInfo = tInfo
        end
    end
  end
end
```

Una vez definida las operaciones de un BST es posible entonces aplicar diversos algoritmos sobre su estructura. Por ejemplo, dado un árbol binario de búsqueda no vacío, se quiere retornar el mínimo valor dentro del árbol.

Es importante destacar que dada la estructura del BST no es necesario recorrer todo el árbol para encontrar el valor mínimo, o de hecho, un valor cualquiera dado su orden implícito. El valor mínimo corresponde entonces al nodo que se encuentra más a la izquierda del árbol:

```
function MinValue (Node<T>* pNode) : Integer
  Node<T>* pTemp = pNode
  while (*pTemp.pLeft != NIL) do
    pTemp = *pTemp.pLeft
  end
  return *pTemp.tInfo
end
```

De forma general, se ha estudiado que los algoritmos de árboles resultan más convenientes si son escritos de forma recursiva por la naturaleza de la estructura de datos. Sin embargo, en este caso, un ciclo permite realizar el proceso de forma simple. También se puede emplear recursión tal como se hizo para la operación Delete.

4.3   Problema de Desequilibrio

El orden de inserción en un BST determina la forma estructural del árbol. La Fig. 31 muestra un ejemplo de distintos tipos de inserción en un BST del tipo Char, siendo insertados de izquierda a derecha.

Dado este aspecto, si los nodos de un BST son insertados en orden creciente (3er caso de la

103

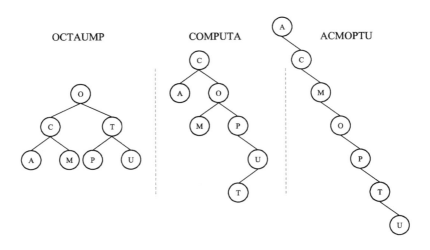

Figura 31: Ejemplo de 3 tipos de BST generados con el mismo conjunto de datos en diferente orden.

Fig. 31) el árbol crecerá solo hacia el lado derecho como una lista simplemente enlazada, y todos los apuntadores izquierdos serán NIL. Del mismo modo, si son insertados en orden decreciente ('U','T','P','O','M','C','A'). La forma de una lista enlazada "degrada" la complejidad logarítimica del árbol.

Por el motivo anterior, es ideal construir un mecanismo que no permita construir árboles de búsqueda que sean degradados sino conseguir árboles tan equilibrados como sea posible. Para ello se muestra brevemente los árboles AVL y Red-Black.

5   AVL

Un árbol AVL, llamado así por el nombre de sus inventores Georgy **A**delson-**V**elsky y Evgenii **L**andis, es un BST que se "auto" equilibra, es decir, cuando se inserta o remueve un nodo se aplican operaciones que tratan de mantener el árbol equilibrado. En un árbol AVL, las alturas de los subárboles de cualquier nodo difiere a lo sumo en 1, y en caso de no cumplirse esto se debe re-equilibrar para mantener dicha propiedad. Entonces, en la condición de los árboles AVL se considera un factor de equilibrio (*balance*): $balance = height(left) - height(right)$

En la Fig. 32 se muestra un ejemplo de 3 árboles AVL. El valor dentro de cada nodo (en esta ilustración) representa el factor de equilibrio de cada nodo, donde los valores positivos indican que la altura del subárbol izquierdo es mayor a la altura del subárbol derecho, y nos negativos el caso contrario. El factor de equilibrio 0 significa que ambos subárboles tienen la misma altura.

Por su parte, la Fig. 33 muestra dos árboles binarios de búsqueda con su factor de equilibrio (AVL) donde se puede observar que los valor +2 y −2 representan una diferencia en las alturas de los nodos que contienen dicho valor (desequilibrio).

104

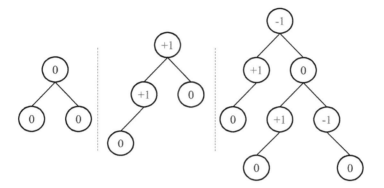

Figura 32: Ejemplo de tres árboles equilibrados AVL mostrando su factor de equilibrio.

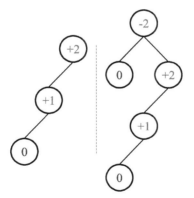

Figura 33: Ejemplo de dos árboles desequilibrados AVL mostrando su factor de equilibrio.

Las operaciones de un árbol AVL son las mismas que un BST, pero se añade un conjunto de operaciones llamadas rotaciones que sirven para mantener el equilibrio del árbol.

La operación de búsqueda para una clave en un AVL se hace de la misma forma que la búsqueda en un árbol de binario de búsqueda - BST. En un BST la búsqueda (y la inserción o eliminación) puede llegar a ser de $O(n)$ donde n representa la altura del árbol. Este caso ocurre cuando el árbol está degenerado como se mostró en la sección 4.3.

El mejor caso de un BST es cuando es de altura mínima, es decir, que en todos sus $h-1$ primeros niveles estás casi completos y solo varían en los nodos terminales, donde h representa la altura del árbol. En dicho caso, el número de nodos viene dado por $n = 2^{h+1} - 1$ lo cual implica una complejidad de $O(log_2 n)$. La búsqueda en AVL representa la búsqueda en un árbol BST equilibrado, entonces en el peor de los casos la complejidad de la operación de búsqueda es $O(log_2 n)$.

Un recorrido en un AVL para todos los nodos del árbol hace que cada enlace se visite exactamente 2 veces: uno de entrada al nodo desde el subárbol al cual pertenece dicho nodo, y otro para dejar dicho nodo de ese subárbol que ha sido explorado. Entonces, si hay $n-1$ enlaces en el árbol, el corto amortizado es $2 \times (n-1)$

Para las operaciones de inserción y eliminación se utilizará la misma idea de un BST pero manteniendo siempre tras el equilibrio luego de cada inserción o eliminación. Este equilibrio se soluciona con los reajustes locales llamados rotaciones. Para ello se plantea solo el caso de las inserciones, donde para eliminar un nodo se opera de forma similar.

5.1 Inserción en un AVL

Luego de insertar un nodo, es necesario verificar la consistencia de la estructura del árbol tal que no existan desequilibrios. Para ello se cuenta con el factor de equilibrio (*balance*) que se calcula como:

$$balance = height(leftSubTree) - height(rightSubTree)$$

Entonces, en la implementación del nodo del AVL se requiere un campo adicional que contiene dicha diferencia. Los tres valores posibles para dicho campo son:

balance	Relación de altura	Descripción
+1	hijo Izq. > hijo Der.	Altura del subárbol izq. es mayor que altura del subárbol der.
0	hijo Izq. = hijo Der.	Altura del subárbol izq. es igual que altura del subárbol der.
-1	hijo Izq. < hijo Der.	Altura del subárbol izq. es menor que altura del subárbol der.

El algoritmo de inserción en un AVL realiza los siguientes pasos:

1. Buscar en el árbol el lugar donde se insertará el nuevo nodo (nodo terminal). Para ello se recorre un camino desde la raíz hasta el lugar de inserción. La complejidad de este paso es $O(log_2 n)$ dado que la altura de un árbol AVL es $O(log_2 n)$, siendo n el número de nodos.

2. Regresar por el camino recorrido en el paso 1 y se ajustan los factores de equilibrio. Sí se insertó en el subárbol izquierdo se suma uno al valor del campo *balance* en cada nodo. Si se insertó por el subárbol derecho se resta uno al valor del campo *balance*. En cada paso de este retorno se pasa información acerca de la variación de la altura del árbol en caso que se incremente. Este paso consume un tiempo de ejecución $O(log_2 n)$.

3. Si existe algún desequilibrio (el campo *balance* de algún toma el valor -2 o $+2$) se debe reorganizar el subárbol que tiene como raíz dicho nodo llamado pivote (el que ocasiona el desequilibrio). La operación de re-equilibrar se efectúa mediante una secuencia de re-asignación de apuntadores que determinan una o dos rotaciones de dos o tres nodos, además de la actualización de los factores de equilibrio en cada nodo. Este paso es de $O(1)$. Los posibles casos una vez insertado un valor para el campo *balance* son:

Campo balance (antes de Insertar)	Campo balance (Insertar Izquierda)	Campo balance (Insertar Derecha)
+1	+2	0
0	+1	-1
-1	0	-2

Las celdas marcadas representan aquellos casos donde se debe re-equilibrar el subárbol partiendo del hecho que el nodo ocasiona el desequilibrio. Para ello se emplearán operaciones conocidas como rotaciones que se explican a continuación.

5.2 Rotaciones

Una operación de Rotación se emplea para restablecer el equilibrio de un AVL cuando se pierde debido a una operación de inserción o eliminación. Para conocer el tipo de Rotación a aplicar se debe identificar primero el caso donde se realiza un desequilibrio. Hay básicamente 4 casos posibles: Left-Right, Left-Left, Right-Left y Right-Right. Ya el nombre de cada caso identifica la ubicación de los nodos desequilibrados.

Cuando el factor de equilibrio de un nodo es $+2$ se puede observar en la Fig. 34 particularmente en el nodo A. Cuando el árbol tiene un desequilibrio positivo entonces está en el caso Left-Left o Left-Right. El caso Left-Left es cuando el árbol no se inclina hacia la derecha, y se puede hacer una rotación de todo el árbol hacia la derecha desde el nodo C, es decir, el elemento se insertó en el subárbol izquierdo del hijo izquierdo del ascendiente más cercano con factor $+2$.

En la Fig. 34, el caso Left-Left se refiere al árbol central, donde desde el nodo C se aplica una rotación hacia la derecha para conseguir el árbol más a la derecha (equilibrado). Ahora, cuando el elemento es insertado como subárbol derecho del hijo izquierdo del ascendiente más cercano con factor $+2$, se está en presencia del caso Left-Right (árbol más a la izquierda de la figura). En dicho caso, primero se hace una rotación hacia la izquierda desde C y luego se estará en el caso Left-Left donde se hace una rotación hacia la derecha de todo el árbol desde C.

Cuando el factor de equilibrio de un nodo es -2 se puede observar en la Fig. 35 particularmente en el nodo A. Cuando el árbol tiene un desequilibrio negativo entonces está en el caso Right-Right o Right-Left. El caso Right-Right es cuando el árbol no se inclina hacia la izquierda, y se puede hacer una rotación de todo el árbol hacia la izquierda desde el nodo C, es decir, el elemento se insertó en el subárbol derecho del hijo derecho del ascendiente más cercano con factor -2.

En la Fig. 35, el caso Right-Right se refiere al árbol central, donde desde el nodo C se aplica una rotación hacia la izquierda para conseguir el árbol más a la derecha (equilibrado). Ahora, cuando el elemento es insertado como subárbol izquierdo del hijo derecho del ascendiente más cercano con factor -2, se está en presencia del caso Right-Left (árbol más a la izquierda de la figura). En dicho caso, primero se hace una rotación hacia la derecha desde C y luego se estará en el caso Right-Right donde se hace una rotación hacia la izquierda de todo el árbol desde C.

A nivel de implementación se suele manejar 3 apuntadores de la siguiente forma:

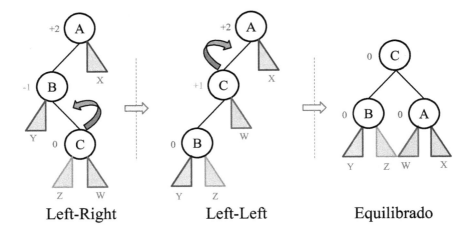

Figura 34: De izquierda a derecha: casos de desequilibrio Left-Right, Left-Left, y el resultado del árbol ya equilibrado.

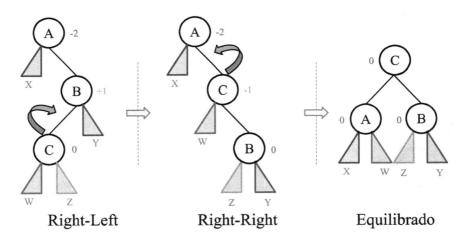

Figura 35: De izquierda a derecha: casos de desequilibrio Right-Left, Right-Right, y el resultado del árbol ya equilibrado.

Pointer A: Apuntador del nodo con factor de equilibrio no permitido ±2.

Pointer B: Apuntador al hijo izquierdo o derecho de A, y se ubica de acuerdo a las siguientes reglas:

- Si A.balance = +2, entonces B es el hijo izquierdo de A.
- Si A.balance = −2, entonces B es el hijo derecho de A.

Pointer C: Apuntador al hijo del hijo ("nieto") de A. Este nodo es afectado si se está en el caso Left-Right o Right-Left, y se ubica de acuerdo a las siguientes reglas:

- Si B es el hijo izquierdo de A, entonces C es el hijo derecho
- Si B es el hijo derecho de A, entonces C es el hijo izquierdo

Para el caso de la Fig. 34 y 35, los apuntadores A, B y C corresponden con cada uno de los nodos asociados a esos valores.

Es importante destacar que cuando el caso de Left-Left o Right-Right, el número de nodos afectados es 2 (A y B). Ahora, cuando el caso es Left-Right o Right-Left el número de nodos afectados es 3 (A, B y C).

5.3 Ejemplo de Insertar

Para ver un poco los distintos casos para la inserción, veamos un ejemplo gráfico del proceso en insertar los nodos en un AVL con nodos que almacenan valores del tipo String.

El orden de inserción es: "SE", "PA", "AL", "BA", "OR", "LE", "CA", "LU", "GR".

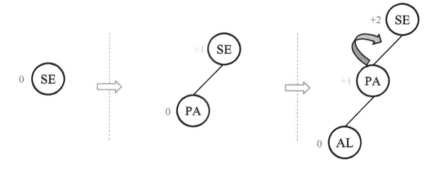

Figura 36: De izq. a der.: inserción de "SE"; "PA"; y "AL". El nodo "AL" causa un desequilibrio +2 en el nodo raíz, teniendo así un caso Left-Left.

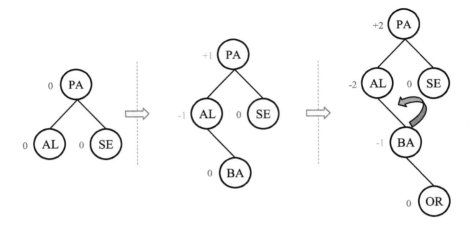

Figura 37: De izq. a der.: luego de insertar "AL", se equilibra el árbol con una rotación hacia la derecha; se inserta "BA"; y "OR". El nodo "OR" causa un desequilibrio −2 en el nodo "AL", teniendo así un caso Right-Right.

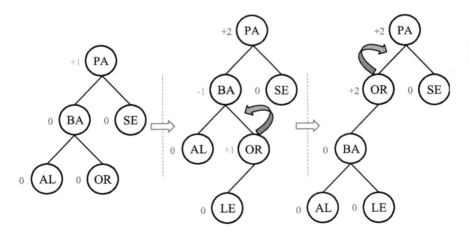

Figura 38: De izq. a der.: luego de insertar "OR", se equilibra el árbol con una rotación hacia la izquierda; se inserta "LE"; y el nodo "LE" causa un desequilibrio +2 al nodo raíz. Se está frente a un caso Left-Right, teniendo que rotar hacia la izquierda para estar en un caso Left-Left.

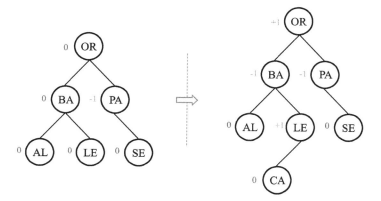

Figura 39: De izq. a der.: estando en un caso Left-Left, se hace una rotación hacia la derecha y se equilibra el árbol; con una rotación hacia la izquierda; se inserta "LE"; y se inserta el nodo "CA".

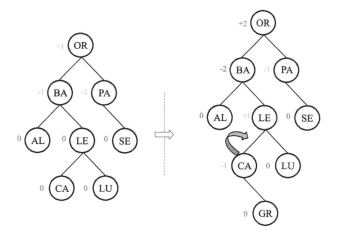

Figura 40: De izq. a der.: se inserta el nodo "LU"; y el nodo "GR". El nodo "GR" causa un desequilibrio −2 en el nodo "BA", teniendo así un caso Right-Left.

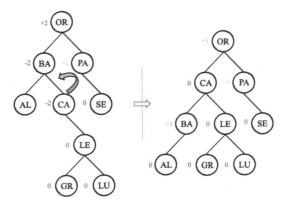

Figura 41: De izq. a der.: insertado el nodo "GR" se hace una rotación a la derecha y se está en un caso Right-Right. Luego se aplica una rotación hacia la izquierda para equilibrar el árbol.

6 Red-Black

Al igual que los árboles AVL, un árbol red-black (también llamado rojinegro) es un árbol binario de búsqueda que se auto-equilibra. Para ello, cada nodo tiene un atributo extra llamado color, el cual puede ser negro (*black*) o rojo (*red*). El equilibrio se da pintando cada uno de los nodos del árbol con uno de los dos colores de manera tal que cumpla ciertas propiedades.

Cuando el árbol se modifica, el nuevo árbol es acomodado y sus nodos son pintados nuevamente forma tal que se cumplas las propiedades de los árboles red-black. En la Fig. 42 se muestra un ejemplo de como se conforma un árbol red-black.

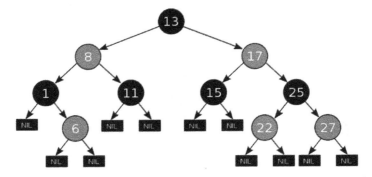

Figura 42: Ejemplo de un árbol red-black.

112

Las operaciones de búsqueda, inserción y eliminación es $O(logn)$. Por otro lado, el atributo de color de cada nodo puede ser almacenado en un solo bit.

6.1 Propiedades

Adicionalmente a las características de un BST, un árbol red-black debe cumplir las siguientes propiedades:

1. Un nodo es de color rojo o negro

2. La raíz siempre es color negro

3. Todo nodo terminal (hoja) es color negro, teniendo el valor de NIL. Todas las hojas tienen el mismo color que la raíz

4. Todo nodo color rojo debe tener dos hijos color negro

5. Todo camino desde un nodo cualquiera a cualquier de sus hojas descendientes contiene el mismo número de nodos negros. Al número de nodos negros de un camino se le denomina "altura negra".

Estas propiedades permiten asegurar que el camino más largo desde la raíz hasta una hoja no es más largo que dos veces el camino más corto desde la raíz a un nodo terminal. Con esto, el árbol trata de estar lo más equilibrado posible.

6.2 Operaciones

En el peor de los casos, las operaciones de insertar, eliminar y buscar tienen un tiempo de ejecución proporcional a la altura del árbol, $O(logn)$, siendo una mejor opción que un BST. Esto se debe por la propiedad #4 que hace que ningún camino pueda tener dos nodos rojos seguidos. Así, el camino más corto posible tiene todos sus nodos negros, y el más largo alterna entre nodos rojos y negros. Dado que todos los caminos máximos tienen el mismo número de nodos negros por la propiedad #5, no hay ningún camino que pueda tener longitud mayor que el doble de la longitud de otro camino.

Los árboles red-black son muy empleados en lenguajes con soporte a programación funcional, donde son una de las estructuras de datos persistentes más comúnmente utilizadas en la construcción de arreglos asociativos y conjuntos que pueden retener versiones previas tras mutaciones.

7 Heap

El Heap (o montículo) es un árbol binario completo o esencialmente completo: todos los niveles están llenos, excepto posiblemente el último, en donde los nodos se encuentran en las posiciones más a la izquierda. Básicamente cuando se insertan los nodos en un heap, los nodos internos se han subido en el árbol lo más posible, con los nodos internos del último nivel empujados hacia la izquierda.

Un heap satisface cierta propiedad de ordenamiento: el elemento almacenado en cada nodo es mayor o igual a los elementos almacenados en sus descendientes. En la Fig. 43 se puede observar un ejemplo de un Heap.

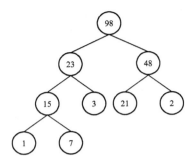

Figura 43: Ejemplo de un heap representado un árbol binario esencialmente completo.

7.1 Operaciones

Las operaciones básicas de un Heap de pueden resumir como:

- Construir un Heap vacío

- Comprobar si un Heap es vacío

- Obtener el mayor elemento

- Eliminar el mayor elemento

- Insertar un elemento

Una buena de representación del heap es empleando un arreglo, donde en cada posición se guarda un elemento basado en la numeración de los nodos del árbol por niveles. El esquema estructural del heap es como se muestra en la Fig. 26 de la sección 3.3, la única diferencia radica en que dicha imagen no cumple la propiedad de ordenamiento.

En dicho esquema, se almacena el i-ésimo elemento en la i-ésima posición del arreglo. El hijo izquierdo de i en la posición $2 \times i$, el hijo derecho de i en $2 \times i + 1$, y el padre de i en $\frac{i}{2}$.

7.1.1 Implementación

Solo se emplea un arreglo y una variable que indica el número de elementos presentes:

```
class Heap<T>
private:
  const Integer MAX_SIZE = ...
  Array aHeap of T[1..MAX_SIZE]
  Integer iSize
public:
  Constructor Heap()
  Destructor Heap()
  function IsEmpty() : Boolean
  function GetRoot() : T
  void Delete()
  void Insert(T x)
end
```

114

La función constructora, la función *IsEmpty* y *GetRoot* resultan muy simples con está implementación:

```
Constructor Heap()
  iSize = 0
end

function IsEmpty() : Boolean
  return iSize == o
end

function GetRoot() : T
  return aHeap[1]
```

Para ilustrar la operación de eliminar, veamos el árbol de la Fig. 44.

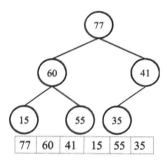

Figura 44: Heap con seis valores almacenados en un arreglo.

Eliminar un elemento consiste en eliminar el máximo elemento del Heap, es decir, el elemento del tope del Heap (la raíz del árbol), valor 77. El procedimiento consiste en extraer el nodo de la última posición del arreglo y colocarlo en la raíz. El último elemento del arreglo corresponde al nodo en el nivel más abajo a la derecha.

En el caso de la Fig. 44, dicho valor es 35. La Fig. 44 muestra este proceso y así se obtiene un nuevo Heap.

Ahora, este nuevo árbol es un "semi-Heap" porque es esencialmente completo y ambos subárboles de la raíz son Heaps. Sin embargo, la raíz es el único elemento mal ubicado. Por ello se debe cambiar dicho elemento por el mayor de sus hijos. En el ejemplo, el cambio se debe realizar con el valor del subárbol izquierdo → 60. La Fig. 46 ilustra este proceso.

La nueva raíz, valor de 60, es ahora mayor que sus dos hijos, pero no se sabe si el subárbol izquierdo es un Heap. Si es un Heap, entonces se da por finalizada la operación de eliminación. En caso contrario, es necesario volver a repetir el mismo procedimiento. Dicho procedimiento se conoce como down-heap, sift-down o heapify-down (llamado también hundir). Escribiendo la función DownHeap que corresponde con el contenido de Delete se tiene:

```
void DownHeap(Integer iPos)
  Integer iC = 2 * iPos
  Boolean bFlag = false
```

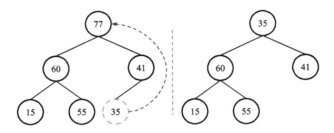

Figura 45: Proceso de eliminar el valor de la raíz o el mayor elemento del árbol.

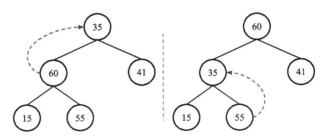

Figura 46: Proceso de eliminar el valor de la raíz o el mayor elemento del árbol.

```
while iC <= iSize and not bFlag do
  if (iC < iSize and aHeap[iC] < aHeap[iC + 1] then
    iC = iC + 1
  end
  if aHeap[iPos] < aHeap[iC] then
    swap(ref aHeap[iPos], ref aHeap[iC])
    iPos = iC
    iC = 2 * iC
  else
    bFlag = true
  end
end
iSize = iSize - 1
end
```

Esta implementación es muy simple, existen otras versiones un poco más simplificadas. Lo importante es que la operación $DownHeap$ es de complejidad $O(log_2 n)$.

Por su parte, la operación de Insertar aplica el $DownHeap$ en sentido inverso llamado up-heap, sift-up o heapify-up (llamado también flotar). La función de complejidad $O(log_2 n)$ se puede escribir como:

```
void UpHeap(Integer x)
  iSize = iSize + 1
  aHeap[iSize] = x
  Integer iPos = iSize
  Integer iParent = iPos div 2
  while (iParent >= 1 and aHeap[iPos] > aHeap[iParent]) do
    swap(ref aHeap[iPos], ref aHeap[iParent])
    iPos = iParent
    iParent = iPos div 2
  end
end
```

Además, estas operaciones permiten construir un algoritmo de ordenamiento basado en comparaciones llamado Heapsort. El Heapsort se puede ver como una mejora a Selection Sort donde la entrada se divide en una región ordenada y otra desordenada, y se itera sobre la región no ordenada extrayendo siempre el máximo elemento y moviéndolo hacia la región ordenada. Esta operación en un tiempo de $O(nlogn)$.

8 Ideas Finales

- Un árbol es una estructura de datos que puede ser definida de forma recursiva como una colección de nodos (desde la raíz) empleando una relación de jerarquía

- Dependiendo del número de relaciones de jerarquía que tenga cada nodo del árbol, se dice que un árbol k-ario es aquel que tiene un máximo de k enlaces/relaciones por nodo

- Cuando $k = 2$ se trata de un árbol binario, en donde cada nodo puede tener hasta dos hijos (derecho e izquierdo).

- Un BST o árbol binario ordenado o de búsqueda permite almacenar valores ordenados por una clave lo cual permite su búsqueda recorriendo desde la raíz hacia las hojas realizando comparaciones simples

- Tanto el árbol AVL como el red-black son árboles binarios de búsqueda auto-equilibrados con operaciones muy similares por las propiedades de equilibrio que imponen las cuales son distintas. Los árboles AVL están más rígidamente equilibrados que los del tipo red-black

117

- Además del árbol AVL y red-black existen otros tipos de árboles "auto-equilibrados" como los árboles 2-3, AA, Scapegoat, Splay, Treap y otros más.

9 Problemas

1. Usando las primitivas de árboles generales, implemente la operación DeleteLeaves, la cual consiste en eliminar todos aquellos nodos que son hojas en un árbol.

2. El lenguaje de programación Beta no permite la recursión, y para simularla emplea una pila donde almacena en el caso de los árboles, el camino recorrido desde la raíz hasta el nodo visitado. Realice el algoritmo que permita recorrer un árbol binario (sin utilizar recursión) en Inorder.

3. Determine si un árbol binario está equilibrado. Se dice que un árbol está equilibrado sí la diferencia de altura de su subárbol derecho e izquierdo difieren en k.

4. Escriba una función que retorne el número de nodos internos de un árbol binario.

5. Establezca similitudes y diferencias desde el punto de vista de complejidad en memoria y tiempo entre un BST y AVL de las operaciones de acceso y búsqueda.

6. Para un árbol AVL inicialmente vacío indique detalladamente el estado del árbol a medida que se insertan los valores: 10, 5, 9, 11 y 13. Sobre el árbol final indique su altura y qué se imprime usando un recorrido en Preorder.

Bibliografía

[1] Aho, Alfred and Hopcroft, John and Ullman, Jeffrey, *Estructuras de Datos y Algoritmos*, Pearson - Addison Wesley, 1ra edición, 1988.

[2] Cormen, Thomas, *Introduction to Algorithms*, The MIT Press, 3ra edición, 2009.

[3] Nyhoff, Larry, *TADs, Estructuras de datos y resolución de problemas con C++*, Pearson, 2da edición, 2006.

[4] Ramírez, Esmitt, *Alpha: Una notación algorítmica basada en pseudocódigo*, Télématique, 14(1):97-121, 2015.

[5] Scalise, Eugenio and Carmona, Rhadamés, *Análisis de Algoritmos y Complejidad*, Lecturas en Ciencias de la Computación, Escuela de Computación, UCV, ND-2001-05, 2001.

[6] Sedgewick, Robert, *Algorithms in C++, Parts 1-4: Fundamentals, Data Structure, Sorting, Searching*, Addison-Wesley Professional, 3ra edición, 1998.

[7] Stroustrup, Bjarne, *The C++ Programming Language*, Addison-Wesley Professional, 4ta edición, 2013.